Rodrigo Geammal

O DESTINO DO PASSAGEIRO

Uma saborosa **história de luta,** superação, aprendizado e empreendedorismo

São Paulo, 2014
www.dvseditora.com.br

Copyright© DVS Editora 2014
Todos os direitos para a língua portuguesa reservados pela editora.

Nenhuma parte dessa publicação poderá ser reproduzida, guardada pelo sistema "retrieval" ou transmitida de qualquer modo ou por qualquer outro meio, seja este eletrônico, mecânico, de fotocópia, de gravação, ou outros, sem prévia autorização, por escrito, da editora.

Criação Capa: Jorge Figueroa e Daniel Erdos
Consultor de Conteúdo: Walter F. Jr.
Produção Gráfica, Diagramação: Spazio Publicidade e Propaganda

Dados Internacionais de Catalogação na Publicação (CIP)
(Câmara Brasileira do Livro, SP, Brasil)

```
Geammal, Rodrigo
    O destino do passageiro : uma saborosa história
de luta, superação, aprendizado e
empreendedorismo / Rodrigo Geammal. --
São Paulo : DVS Editora, 2014.


    Bibliografia


    1. Empreendedores 2. Empreendedorismo
3. Esportes - Marketing 4. Geammal, Rodrigo
5. Histórias de vida 6. Tomada de decisão I. Título.
```

14-04218   CDD-658.421

Índices para catálogo sistemático:

1. Empreendedorismo : Desenvolvimento pessoal e
   profissional : Administração   658.421

Rodrigo Geammal

O DESTINO DO PASSAGEIRO

Uma saborosa **história de luta,** superação, aprendizado e empreendedorismo

DVS
EDITORA

Índice

Agradecimentos	VII
Prefácios	IX

Capítulo 1
A jornada da dúvida 1

Capítulo 2
Encontro na manhã 9

Capítulo 3
Mudanças a partir do junho de fogo 29

Capítulo 4
A história de uma vida 35

Capítulo 5
O saber das ruas 53

Capítulo 6
Incursão pela terra da garoa 63

Capítulo 7
A escola das vocações 95

Agradecimentos

Em primeiro lugar, a Deus por estar vivo e realizar um de meus sonhos.

Aos meus pais, que sempre me amaram, em dois mundos distantes e diferentes. Cada um a seu modo, transformaram-me neste ser humano que ama a família, os amigos e a vida.

Aos meus parentes de sangue e àqueles conquistados, que pintaram de graça e emoção minha trajetória neste mundo.

Aos meus amigos e amigas, da boemia, dos estádios, do fundão da sala, da faculdade. Aos que vivem o universo do esporte: torcedores, atletas e clientes.

Ao Walter Falceta Jr., o maior craque das palavras que já conheci. A Fabiana Scaramella, quem me apresentou o Walter.

Aos meus colaboradores, que me ajudaram a evoluir por meio da troca generosa de experiências profissionais.

A minha esposa amada, sempre linda, sempre apaixonante, sócia, amiga e confidente, torcedora que me deu Nina, o melhor presente que já ganhei.

À própria Nina, dos cachos castanhos, do sorriso maroto e do beijo doce, simplesmente minha filha amada.

Prefácios

Em 1970, um dos maiores sonhos da minha vida era ser Tricampeão Mundial! Nossa seleção se preparou em cada detalhe, procurando superar as adversidades que teríamos que enfrentar naquele desafio. Havia muita união, estudo, cumplicidade, determinação e desejo de realizar esta façanha.

No livro *O Destino do Passageiro*, de meu amigo Rodrigo Geammal, encontro passagens que me remetem àquela formidável aventura vivida no México. Vivemos momentos de dificuldade, superação e conquista, tal qual o autor desta bela obra.

Leia. Aprenda. Reproduza. Rodrigo mostra como se forma um verdadeiro capitão, com sentimento, amor e coragem.

CARLOS ALBERTO TORRES
Capitão da Seleção Brasileira de Futebol Tricampeã Mundial.

Joguei muitos anos no Japão e aprendi muito com este povo que cultiva tradições milenares. O respeito e o amor pelo próximo são elementos vitais nessa cultura. No livro *O Destino do Passageiro*, encontrei vários desses elementos. Com disciplina e perseverança, Rodrigo soube trabalhar com pessoas, superar barreiras e realizar seus sonhos.

Gostaria ainda de destacar a capacidade do autor em transformar episódios de sua trajetória em grandes lições de vida. Enfim, uma história que cativa da primeira à última página.

Não posso deixar de elogiar o viés positivo das narrações. São mensagens de incentivo que vão auxiliar principalmente os novos empreendedores. Uma obra de fôlego, agradável e que vai seduzir os jovens.

ALEXANDRE TORRES
*Zagueiro dos times Fluminense, Vasco
e Nagoya Grampus Eight.*

Iniciei minha carreira como lateral direito, no Santo Amaro, clube de Pernambuco. Depois de muitos anos batalhando no futebol, alcancei a Seleção Brasileira. No jogo de estreia da Copa do Mundo dos Estados Unidos, em 1994, porém, lesionei-me com alguma gravidade. Surpreso, soube que o grupo solicitou minha permanência na delegação.

Assim, vivi momentos inesquecíveis com uma equipe de homens vitoriosos. Experimentei a dificuldade e também a satisfação.

Em seu livro, Rodrigo trabalha com situações semelhantes, em que o indivíduo precisa aprender a lidar com a adversidade. Como eu, ele solucionou problemas com determinação, apoiando-se na alegria de viver.

Recomendo, portanto, a leitura, até mesmo para os meninos que estão estreando na carreira futebolística. O caminho nunca é fácil, como mostra *O Destino do Passageiro*. Por vezes, somos obrigados a descer em estações que não constavam do nosso roteiro. Há sempre, no entanto, uma chance de se retomar a viagem e de se alcançar o bom lugar. Prove, pois é excelente leitura.

RICARDO ROCHA
Zagueiro dos times Santa Cruz, Sporting, SPFC, RealMadrid, Newell's Old Boys, Flamengo e outros.

Meu avô sempre pronunciava uma frase: "meu neto, na vida, a gente sempre sabe aonde quer chegar, mas não sabe que ônibus pegar." Foi com essa ideia na cabeça que li o livro *O Destino do Passageiro*, de Rodrigo Geammal, de quem tenho a honra de ser amigo.

O livro mostra como é possível, independentemente do ponto de partida, superar os obstáculos, identificar e aproveitar as oportunidades que aparecem ao longo do caminho. Ele deixa claro como é importante prestar atenção em todos os detalhes enquanto caminhamos. Tudo conta: o que você vê, o que você escuta, o que você sente e até mesmo o que você cheira.

Todos os acontecimentos têm como objetivo calibrar o instinto para que os sentidos nos ajudem a chegar ao destino. Basta prestar atenção e ver o milagre da vida acontecendo ao nosso redor, ensinando e inspirando. Conforme o próprio Rodrigo, é o que transforma emoções em resultado.

Retorno assim à frase repetida tantas vezes por meu avô. Se falamos de *O Destino do Passageiro*, parece que Rodrigo sabia aonde queria chegar e qual ônibus deveria pegar. Neste caso, começou seu trajeto na barca de Paquetá. Enquanto a embarcação seguia seu destino, Rodrigo vendia doces e prestava muita atenção na vida ao redor. Essa experiência o converteu em um renomado diretor de marketing, capaz de atuar em empresas nacionais e multinacionais.

Este é, portanto, um livro que faço questão de recomendar. Constitui-se em fonte de inspiração para professores, estudantes universitários e profissionais de marketing. Se você não sabe que ônibus pegar, pegue esse livro que fica mais fácil de chegar.

PAULO GREGORACI
Vice–Chairman e COO da WMcCann

Capítulo 1

A JORNADA DA DÚVIDA

Enquanto subia pelo elevador, Renato dos Reis, imaginava o tormento que viveria pelo resto daquela noite fria e sem graça de agosto. A mãe o interpelaria sobre as férias prolongadas e sobre o longo período de comunicação escassa e truncada. Ela diria, com justiça, que seu dinheiro era ganho com muito suor e que não lhe convinha acumular tantas faltas na faculdade.

O relógio de pulso marcava 19h36 quando o rapaz pisou no *hall* de entrada do apartamento 77, num prédio esguio e antigo na Avenida Nossa Senhora de Copacabana, sem vista para o mar. Trombou com o silêncio da TV desligada. Perambulou pelas penumbras até o quarto maior. Ali, identificou o veterano dorso feminino, coberto por uma blusinha branca de *lycra*. Graça dormia pesadamente, invertida na cama, com os pés unidos sobre o travesseiro alto.

Renato titubeou, respirou fundo e retornou à sala. Sentou-se no sofá marrom de napa e listou mentalmente seus pecados. Foi à cozinha, pequena, limpa e arrumada, abriu o armário e encontrou um pacote de seu biscoito favorito. Abriu–o sem fazer ruído. Depois, encontrou na porta da geladeira a garrafa do Matte Leão. Jantou assim, em cinco minutos, só coisas doces.

Reabastecido, tomou coragem e, cuidando de pisar leve e respeitosamente, foi saudar a mãe. Tocou–lhe de leve no ombro e ouviu um suspiro exausto.

– Oi, filho, oi... Mas quanto tempo longe de mim. Fiquei muito preocupada...

– Mas eu te liguei avisando, lembra?

– A gente nunca sabe. Era pra você ter voltado faz tempo. Fiquei muito, muito preocupada mesmo.

– Me desculpa... É que aconteceu um lance... – deteve-se Renato, prevendo que suas explicações exigiriam horas de argumentações.

– Tem carne moída com quiabo e arroz, filho – informou Graça, retomando com alívio sua rotina de cuidados maternos. – Acho que vou dormir de vez. Levei a tia Irene ao hospital de madrugada. De lá, fui trabalhar. Na volta, peguei ônibus lotado. Ainda passei no mercadinho. Preparei a comida que vou levar amanhã na marmita... Cansei. Amanhã a gente conversa?

– Sim, sim, amanhã... Boa noite – disse Renato, que antes de sair ajeitou outro travesseiro sob a cabeça da mãe.

Mais uma vez na sala, considerou absurdo ligar qualquer aparelho sonoro. Diante da janela, acompanhou o andar apressado dos transeuntes e o ciclo interminável de um semáforo, que se detinha mais no vermelho do que no amarelo e no verde.

Sentiu-se envergonhado por escapar da bronca que julgava merecida. Aos 20 anos de idade, trabalhara menos de um ano, em dois estágios de meio período. Uma semana antes, deveria ter iniciado o quarto semestre do curso universitário. No entanto, decidira manter-se no sítio dos avós de Paulo. Na verdade, a escola não o seduzia. Sentia-se fora de seu tempo e lugar. Contava um ou dois amigos e não havia professor que admirasse.

– Gestão em Marketing? Isso é pra mim? Este mundo está afogado no consumo, poluído. Marquetear o quê? – indagou-se num sussurro, deixando um circulo de vapor no vidro que o separava do mundo exterior.

Mexendo nos cabelos armados em caracóis, tentou ativar o cérebro e obter uma resposta. Não logrou êxito. Pegou a carteira e verificou quanto lhe sobrava. No total, contando as moedas, R$ 13,40. Foi até o banheiro e, do pote de cotonetes convertido em cofre, sacou o que Graça chamava de "provisão de emergência". Agora, tinha R$ 63,40. Já podia evadir-se, levar para outro lugar sua aflição.

Retirou as roupas sujas da mochila, que abasteceu com o pacote de biscoitos e duas caixinhas de achocolatado. Num papelzinho colante que prendeu ao telefone, deixou o recado: "fui dormir na casa do André, para pegar a matéria atrasada". Lépido, tomou novamente o caminho da rua. Alcançou logo o ponto dos coletivos e embarcou num Mercedes de molas cantantes rumo ao centro da cidade.

No meio do trajeto, porém, avaliou a possibilidade de alterar seu roteiro. Podia mesmo passar a noite no apartamento do amigo, em Botafogo.

– Fala, cara – irrompeu, lacônico, ao celular. – Estou a fim de dar uma passada aí, ver o que rolou na facul esses dias.

– Normal. Vem. Estou esquentando uma pizza.

A noite correu. André contou dos dias que passara com a família, em Resende. Depois, resumiu as aulas da primeira semana. Imprimiu uma bibliografia e contou do trabalho de campo que a empresa júnior da universidade desenvolveria para promover o protetor solar de um novo cliente, com sede em Campos dos Goytacazes.

– O professor Mauro está agitando para a gente fazer uma visita lá, na semana que vem. Parece que eles vão mandar um ônibus para buscar a galera.

Definitivamente, André era um rapaz centrado, pé no chão, racional, mas não escondia o entusiasmo pelo curso e pelos projetos práticos desenvolvidos na universidade. Assim, Renato secretamente o invejava. Dar-se-ia por satisfeito se tivesse metade da garra, da disciplina e da convicção do colega.

– Cara, ficou tarde. Posso me arrumar por aqui mesmo?

– Pode, pega o colchão no meu quarto – autorizou André, sempre solidário. – Estou saindo às sete e meia. Vamos juntos e você já me ajuda a preparar uma descrição do produto. Ver direitinho os pontos fortes. Ninguém fez isso ainda. Sei lá, de repente, a gente pode também testar com a mulherada na praia...

– Tremenda sacada – aprovou Renato, rindo. – Vamos, sim.

– Então, combinado. Boa noite – disse o amigo, prático como sempre, retirando-se para o descanso.

No escuro, Renato não conseguiu pregar os olhos. Remoeu dúvidas. Pensou no banho gelado de cachoeira, dias antes. Lembrou da textura da pele de Roberta, um pêssego. Cogitou de montar uma comunidade *hippie*, lá nas montanhas de Itatiaia, de comer somente sementes de girassóis e entrar em sintonia com a natureza. Gargalhou baixinho da utopia. Imaginou também se valia a pena aprender a investir em bolsas de valores. Ficaria rico aos 25 anos de idade, talvez aos 30, e passaria o resto da vida velejando pelo mundo. Curtiria as baladas em Ibiza e arranjaria uma namorada em cada ilha da Polinésia Francesa. Depois, pensou em desperdício. Em tudo via desperdício, nas embalagens, nos combustíveis e nas fortunas gastas em publicidade. Fixou-se na ideia de que as pessoas consomem mais do que necessitam. Veio–lhe, por fim, a imagem da mãe no cômodo escuro. Estaria ainda dormindo no sentido invertido da cama? Caiu no sono, embaraçado nos próprios desejos confusos, mortificado pela hipótese de decepcionar aquela que mais o amava.

Quando despertou, viu que o relógio marcava 6h22. Um facho solar atravessava a persiana rota e iluminava o quadro que exibia uma bela imagem do Corcovado. Renato comoveu-se, sem saber a razão. Levantou-se e festejou o fato de ter mantido escova e creme dental na mochila. Higienizou a boca e comeu o pedaço de pizza napolitana que dormira sobre o guardanapo, na mesinha de centro.

Sentou-se sobre um banquinho para checar a lista dos livros a serem estudados nos meses seguintes. De repente, percebeu uma tristeza enorme no coração. Mirou-se no espelho diante do aparador. Viu um menino grande, magro, de cabelos insurgentes, os olhos pequenos, o nariz afilado, os lábios grossos. Era branco, negro, índio, coisa nenhuma, todas as coisas. Qual era sua identidade? Se fosse um produto, como descreveria a si mesmo? Tinha mesmo algum valor?

Renato recusou-se a compartilhar sua aflição com André, alguém tão maduro, tão resoluto e tão confiante. Saiu sem deixar recado. Na avenida, deliberou prosseguir com o plano da noite anterior. No ônibus, esmagou-se no povo para chegar ao centro da cidade. Subitamente, sentiu-se aliviado. Ali, anônimo entre tantos, não lhe pesava qualquer cobrança.

De alguma forma, Renato queria perder sua individualidade, ser outro ou ser ninguém. E isso somente lhe parecia possível no movimento. Quando parava, um azedume subia do fígado, a cabeça fervilhava como se coberta por mil piolhos e o ar parecia pesado como água. Para obter alguma leveza e paz, precisava manter-se em trânsito. "Quero ser uma partícula quântica", repetia a si mesmo, brincando com o que classificava de "ciência esotérica".

Gabando-se intimamente da memória prodigiosa, Renato repassou mentalmente o que ouvira numa reportagem televisiva. O sistema ferroviário do Rio de Janeiro contava com uma frota de 160 trens, que circulavam numa malha de 270 quilômetros, interligando quinze municípios. Os 525 mil passageiros diários podiam ingressar nesse labirinto por uma das 99 estações. Além disso, havia conexões com o metrô, o teleférico e as balsas, numa malha imensa de transporte.

Às 7h30, Renato andava pelo centro da cidade, mascando o chiclete de hortelã que encontrara no bolso da jaqueta de jeans. Pesou–lhe a consciência quando se deu conta de que, naquele momento, André estaria aflito, maldizendo–o, culpando–o por um possível atraso. De repente, sentiu o celular vibrar no bolso da calça. Tomando–o com a mão esquerda, precisou da direita para gerar alguma sombra sobre o visor. Como previra, era o colega.

– Ei, Renato. Renato, Renato... Está me ouvindo? Onde se meteu, *brother*? Renato, eu...

Apertou a teclinha vermelha e finalizou a chamada, sem dizer uma palavra. Andando agora mais rapidamente, como aqueles que rumavam para o trabalho, mordeu os lábios e desculpou-se telepaticamente com o interlocutor. "Não deu mesmo cara, precisei resolver outra parada, coisa assim meio que inadiável", pensou, digerindo mal a culpa.

Distraído, atravessou o caminho de um táxi, cujo motorista adicionou à freada um palavrão monstruoso. Renato pulou para a calçada e, em seguida, ergueu as mãos à altura dos olhos, num gesto que misturava uma súplica e um pedido de perdão. Nesse momento, localizou-se por uma placa metálica: Praça Cristiano Ottoni. Movendo a cabeça para trás, pôde ver a torre do relógio. Pronto, ali estava a Central do Brasil.

De repente, sentiu-se com pressa. Entrou na estação e resolveu viajar pelo ramal Deodoro. Assim que pisou na composição, no entanto, incomodou-se com o desperdício que seria uma locomoção sem finalidade. Sentou-se, fuçou na mochila e encontrou o caderninho surrado, que carregava desde os 13 anos de idade. Ali estava a anotação, em letras infantis: Arthur Antunes Coimbra, nascido às 7h00 do dia 3 de março de 1953, na rua Lucinda Barbosa, número 7, em Quintino.

Como não pensara naquilo antes. Estava neste mundo havia duas décadas e nunca cogitara de visitar o lugar onde nascera Zico, o maior craque da gloriosa história do Flamengo. Decidido: saltaria na Estação de Quintino.

Capítulo 2

ENCONTRO NA MANHÃ

Naquela manhã radiante, Rodrigo levantou-se bem cedo, disposto e ansioso por iniciar o roteiro de visitas. A proposta era coletar material para a elaboração de um plano de revalorização da malha ferroviária brasileira. Como apreciava o marketing "pé no chão", pretendia iniciar o trabalho por uma investigação dos cenários próximos às estações de trens em metrópoles como Rio de Janeiro e São Paulo.

Sentado na beirada da cama, calçou os tênis e repassou mentalmente seu roteiro. Seria capaz de conhecer todas as estações listadas em apenas três dias? Convinha levar a máquina fotográfica semi–profissional? Não seria mais seguro usar a outra, menos "bandeirosa"? Retirou da mala de viagem a mochila e nela ajeitou o tablet, as duas câmeras, uma camiseta, um boné, um pacote de biscoito de leite, um bloquinho de papel, duas canetas, um guia de ruas do Rio e o estojo com os óculos de sol. A garrafinha de água mineral, retirada do frigobar, acondicionou no bolso elástico lateral.

Ligeiro, tomou seu café da manhã em menos de quinze minutos. Em seguida, saiu para a rua e, num táxi, rumou à Central do Brasil. Seu plano inicial era viajar pelo Ramal Belford Roxo, com escalas em Del Castillo, Pilares, Mercadão de Madureira e Pavuna. Numa banca, no entanto, viu estampada na capa do jornal esportivo a foto de Zico. Em movimento, não foi capaz de ler a chamada para a reportagem. De súbito, veio–lhe a cabeça um conjunto de números, decorado havia muito tempo: no Flamengo, 731 jogos e 508 gols, média extraordinária de 0,69 por partida.

– Quer saber de uma coisa? – indagou a si mesmo. – Vou burlar esse roteiro aqui. Vou pra Quintino, ver a casa onde o Zico nasceu, exatamente 20 anos e um mês antes de mim. Ele que foi meu maior ídolo na infância e na adolescência. É a oportunidade. É a ocasião.

No sentido subúrbio, a jornada foi tranquila. Naquele horário, o povo seguia no sentido inverso, rumo ao centro do Rio. Ao saltar na estação escolhida, Rodrigo viu–se num ambiente familiar, semelhante àquele onde vivera parte da infância e da adolescência. No entanto, faltava–lhe a rota, de modo que recorreu mais uma vez ao táxi para alcançar seu destino.

O trajeto teve basicamente um trecho de aclive e outro de declive, da rua Duarte Teixeira. Depois, uma conversão à direita. Desembarcou diante da casinha bem conservada, pintada em azul e branco, e pediu ao motorista que retornasse em quinze minutos.

– Toma lá um café enquanto eu faço meu serviço aqui – sugeriu.

Sozinho e emocionado, mirou os ladrilhos no alto da fachada com as imagens de São Cosme e São Damião, fez algumas fotos e relembrou algumas das façanhas do ídolo. Rabiscava anotações no bloco quando notou que não era o único interessado no local. Na outra calçada, um rapaz de cabelo armado e jaqueta de jeans utilizava um celular para também coletar imagens da charmosa habitação. "Caramba, isso aqui já virou ponto de peregrinação", admirou-se.

Com o desembaraço que lhe era peculiar, achegou-se ao desconhecido e, depois de uma breve saudação, arriscou um pedido:

– Parceiro, será que tu poderia fazer uma foto minha diante da casa do galinho? Pelo que vi, veio aqui pelo mesmo motivo que eu. Depois, eu retribuo e faço uma tua no mesmo lugar.

– Tudo bem – concordou Renato, acanhado. – Mas não precisa fazer foto minha, não. Só queria mesmo o registro.

– Não quer mesmo? – insistiu Rodrigo.

– Nesse caso, de boa, eu não acrescento. Tô ligado só no conceito... Só a coisa, sem mim.

Renato fez as fotos do outro peregrino, com tomadas horizontais e verticais. Caprichou no enquadramento e nos ajustes de iluminação. Naquele momento, uns vizinhos já vinham saber do que se tratava. Seria mais uma reportagem? Estavam prontos a dar seus depoimentos sobre a infância do craque. Rodrigo informou que não era um jornalista e explicou seus motivos. Depois de alguns minutos de conversa cordial, notou que o taxista cumprira o combinado. Assim, decidiu empreender o caminho de retorno à estação.

– Aí, parceiro, valeu mesmo. Tô indo nessa. Obrigadão.

– Não tem do que agradecer – disse Renato, ainda acabrunhado.

– Eu vou pra estação do trem. E você?

– Vou pra lá também – informou Renato.

– Então, sobe aí que te dou uma carona – convidou Rodrigo.

– Não precisa não. Eu vou a pé.

– Que nada! É um retão com subida e descida. Vamos juntos. Você me fez um favor e eu quero retribuir.

Diante da insistência, Renato acedeu. No caminho, confirmaram o que já lhes parecia óbvio: ambos eram fanáticos pelo rubronegro e adoravam a figura de Zico. Na estação, Rodrigo decidiu seguir até a estação Deodoro. De lá, poderia baldear para Santa Cruz ou Japeri.

– E você, meu irmão, daqui vai pra onde? – indagou ao rapaz.

– Bem eu... – hesitou Renato. – Na verdade, vou também para Deodoro. Tenho um amigo por lá. Vou aproveitar.

No trajeto de seis estações, deram continuidade à prosa. Renato aceitou a oferta de seu companheiro de viagem: um biscoito de leite. Em seguida, perguntou:

– Me desculpe, mas o senhor o que faz?

— O senhor, não — protestou Rodrigo, com bom humor. — Chame-me de você. Não sou um doutor nem sou velho.

— É só jeito de falar. O senhor sabe como é...

— Ops! Nada de senhor aqui. O senhor está no céu.

A conversa vazou e foi ouvida por uma passageira, uma senhora negra, robusta, que assentiu com a cabeça e, na sequência, beijou uma medalhinha com a figura de Jesus Cristo.

— Mas respondendo a sua pergunta, trabalho com marketing — concluiu Rodrigo.

A frase se converteu numa espécie de lança invisível que Renato viu trespassar seu peito. Se viajava sem destino pelos trens suburbanos, era justamente porque pretendia fugir dos assuntos ligados à formação profissional. Cogitou de que aquilo fosse uma brincadeira. Teria André enviado um amigo para pregar-lhe uma peça? Seria coisa da mãe?

— Marketing, é? — indagou, trêmulo.

— Sim, marketing... Deixa eu explicar. É aquele trabalho estratégico de promover um produto ou um serviço para o cliente. É muito mais do que vender, entende? Transformamos emoções em resultados!

— Aí, complicou — interveio a senhora que os ouvia, soltando uma gargalhada.

— Deixa eu explicar melhor — continuou Rodrigo. — É a atividade para criar, comunicar e entregar ofertas que tenham valor para os...

– ...consumidores, clientes, parceiros e sociedade em geral – completou Renato, num lampejo de coragem que não visava a exibir conhecimento, mas afastar a humilhação que o cobria pela suposta ignorância.

– Olha só, esse é um menino inteligente – intrometeu-se a senhora. – Benzadeus!

– Oh! É isso aí mesmo! – surpreendeu-se Rodrigo, arregalando os olhos. – Alguém da sua família lida com isso?

– Não, ninguém.

– Então, como sabe? – insistiu Rodrigo.

– Bom, pra ser sincero, é que isso é básico na faculdade.

– Já está na faculdade? Me perdoa, mas você tem cara de menino, de quem ainda está, sei lá, tipo no segundo grau.

– Tem mesmo – concordou a senhora, que simpatizara com a dupla.

– Talvez seja o meu jeito. Mas estou estudando gestão de marketing. Se continuar o curso, vou para o quarto semestre.

– Continua, sim, meu filho – aconselhou a senhora, julgando-se agora plenamente admitida na conversa. – Persiste, que estudo é tudo neste mundo.

– Como é o nome da senhora, mesmo? – perguntou Renato.

– Neide, meu filho. Passos Albuquerque.

– Eu concordo com a senhora, Dona Neide – argumentou o rapaz, perdendo a timidez –, mas a gente tem que fazer o que acha certo. Não estou muito convencido de que esse curso vai me fazer feliz. Nem sei se o marketing é algo bom para a sociedade.

– Tudo depende do tipo de marketing que está sendo feito – interrompeu Rodrigo, com o semblante agora grave. – Tudo depende do produto que está sendo oferecido. Se for coisa de qualidade e proveitosa, não vejo mal algum.

– Isso mesmo. Escuta o que o moço está dizendo – assentiu Neide, erguendo o indicador em direção ao profissional.

– Bom, o assunto é muito mais profundo – disse Renato, com acanhamento. – Nem sei por que contei tudo isso. Com todo respeito, nem dá para discutir isso num trem.

– Aqui se discute tudo, meu filho – discordou Neide, rindo a ponto de mostrar os 32 alvos dentes. – Cada dia é uma aula diferente. É uma escola com rodas de ferro. Aqui o povo fala e ouve, troca o que sabe.

– Perfeito, Dona Neide – vibrou Rodrigo, percebendo que começava, sem querer, a coletar o desejado conteúdo para seu projeto. – A senhora pega sempre este trem?

– Neste e em outros. Hoje é meu dia de folga. Estou voltando da casa da patroa, que fica lá em Ipanema.

– E a senhora gosta mesmo de viajar de trem? – perguntou Rodrigo, sem esconder a curiosidade.

– Eu acho assim: o ônibus anda e para, anda e para. Dá um estresse danado. O povo chacoalha. Não rende boa conversa. Muitas vezes, tem trem lotado, nervoso, mas aqui é outra história. Quase sempre, ele segue e só para na estação da frente. Daí, dá para trocar ideia, pra aprender um pouquinho. Tem até vagão só para as mulheres, cheirosinho, tranquilo.

– E evita certos abusos, né? – elogiou Rodrigo, com semblante sério.

– Maravilha. Hoje, eu acho. Mas meu marido mesmo eu conheci neste trem. Ele pulou para dentro em Engenho Novo. Ia até Deodoro fazer uma baldeação. No fim, o plano era chegar em Nilópolis pra um ensaio da Beija–Flor.

– E ele chegou lá? – perguntou Renato, interessado na história.

– Chegou, sim – revelou Neide, rindo com timidez. – E chegou comigo. Nem sei que loucura me deu para aceitar o convite daquele homem. Acho que foi o nome: Tadeu. Lembrei de São Judas Tadeu e confiei nele. Estamos juntos até hoje, com três filhos.

De repente, o trem estancou. Pela janela, Renato e Rodrigo viram na placa o nome da estação: Marechal Hermes.

– Fiquem com Deus, meninos, que aqui finaliza o meu trecho – anunciou Neide, levantando-se. – Até uma outra hora.

A dupla se despediu da senhora e reatou a conversa, enquanto Rodrigo teclava alguma coisa no tablet.

– Está anotando a história? É para alguma campanha? – perguntou Renato.

– Então, eu vim aqui justamente para isso – respondeu o profissional. – Meu objetivo é criar os pilares para uma campanha nacional destinada a revalorizar o transporte ferroviário.

– Mas quem é o cliente?

– Na verdade, é uma coisa ainda em gestação, dirigida a todo o segmento. Estamos conversando com governos e um *pool* de empresas. Na verdade, esse meu trabalho é que vai definir um modelo de comunicação com o público. Queremos identificar diferenciais e relevâncias nesse mundo incrível do transporte ferroviário.

Rodrigo expôs com mais detalhes suas ideias e sublinhou a importância dos trens na construção de sistemas sustentáveis de mobilidade urbana.

– O trem contribui para diminuir a emissão dos elementos que geram as mudanças climáticas. Se o sistema for bem gerido, tem como efeito colateral positivo a redução dos congestionamentos nas grandes cidades. Num futuro próximo, vamos ter trens extremamente rápidos e econômicos, funcionando com energia solar ou com hidrogênio.

Nessa parte da exposição, chegaram a Deodoro. Saltaram sem saber para onde ir. Subiram as escadas e desceram pela rampa à esquerda da entrada da estação. A pé, percorreram as redondezas, discutindo a questão do transporte urbano. Renato lembrou dos surfistas ferroviários do subúrbio, que vira em um documentário exibido na faculdade.

– Não sei se aquilo era falta de amor à vida ou muito amor pela arte – filosofou. – Era uma expressão corporal. Um grafite ao vivo.

– Pode ser que eles manifestassem as duas coisas – observou o profissional de marketing, cuidando de tomar nota de mais aquela referência.

Rodrigo fez várias fotos da região e conversou animadamente com alguns comerciantes da região. Já perto do meio–dia, sentiu-se faminto.

– Parceiro, acho que vamos comer algo por aqui mesmo. Bateu uma fome. De manhã, foi um cafezinho com leite, um pão com requeijão e um pedacinho de bolo. Só...

– Olha, eu não estou com fome – disse Renato. – Além disso, aquele meu amigo já deve estar chegando para me buscar.

Nesse momento, Rodrigo descobriu, bem perto da estação, na Rua dos Abacateiros, um pequeno restaurante que exibia a placa "comida caseira". Pensou imediatamente em arroz com feijão, ovo frito, batata frita e bife acebolado. Sentiu uma fome de tempos antigos.

– Você é que sabe. Então, vem tomar alguma coisa para hidratar. Liga para o teu camarada e manda ele te encontrar aqui. É perto, *brother*. Da mesinha na calçada você pode ver quando ele chegar.

Aceita a proposta, foram provar as comidas do estabelecimento popular, cuja especialidade era feijoada. Ali, o prato feito básico custava R$ 8,00. No ar, flutuava convidativo o perfume dos temperos, especialmente do alho e da cebola. Satisfeito, Rodrigo viu em giz, no quadro negro, uma boa opção, um picadinho de carne com arroz e feijão, acompanhado de uma saladinha de alface e tomate. Seduzido pelo preço e pela visão do produto, degustado ali por uns peões de obra, Renato também encomendou seu prato.

– Que mal lhe pergunte, mas qual é sua idade? – arriscou-se Renato, interessado em medir a experiência de seu interlocutor.

– Bom, eu nasci em 1973, num 3 de abril...

– Uau, tem o dobro da minha idade – calculou Renato, desconfiando de ter cometido uma gafe. – Mas não é velho, não.

– O conceito de velho é muito relativo – observou Rodrigo, com um sorriso nos lábios. – Tem gente que morre jovem com mais de 100 anos, como o Niemeyer, aquele que projetou os prédios de Brasília.

– Pois é, mas 1973 me parece algo tão distante. Nem consigo imaginar como era.

– Olha que interessante – informou Rodrigo –, no dia em que nasci, morreu no interior de São Paulo o jornalista e poeta Theo Dutra, que era bem jovem ainda. Mas teve também algo muito positivo. O engenheiro norte–americano Martin Cooper fez a primeira chamada a partir de um telefone celular. Talvez isso tenha me influenciado a entrar para o mundo da comunicação.

– Muito legal essa tua memória das coisas, ligar o tempo e a história – elogiou Renato, recordando as aulas de Ciências Sociais do segundo grau.

– Sim, dá para ver que algumas coisas duram e outras são efêmeras, ou seja, passam rapidinho. No dia seguinte, 4 de abril, inauguraram sabe o quê?

– O quê?

– O World Trade Center! – anunciou Rodrigo. – Que já caiu faz tempo!

– Nossa!

– Mas, enfim, é importante saber de que lugar viemos, mas também qual foi o tempo que nos gerou.

– Hum... Eu já tinha pensado nisso, mas somente levando em consideração países, governos, produtos... Nunca tinha focado na minha própria vida.

– Mas ela é a sua principal referência – disse Rodrigo, agora com ar sério. – Sei que 1973, por exemplo, foi um ano de muitos acontecimentos que ajudaram a mudar o mundo e o Brasil.

– Sério? Era ditadura. Pensei que estava tudo meio parado...

– Na política, realmente era um daqueles anos ainda difíceis, fim do governo Médici, um presidente linha dura. Muita gente estava presa ou exilada. No Chile, o Pinochet deu o golpe e derrubou o Salvador Allende. No entanto, vale sempre ver o outro lado: a Guiné Bissau e as Bahamas se tornaram independentes, terminou o governo do Franco, na Espanha, e os americanos saíram do Vietnã.

– Caramba!

– Morreu muita gente famosa, como o Pixinguinha, o cineasta John Ford e o Bruce Lee, você sabe, aquele das artes marciais...

– Sei, sim... Fera ele.

– Então, mas nasceu muita gente boa que está por aí, tipo a atriz Juliette Lewis...

– Linda! Tô ligado. E meio maluca.

– E a Eliana e a Angélica – acrescentou Rodrigo.

O DESTINO DO PASSAGEIRO | 21

– Essas animaram a minha infância. Confesso.

– Foi um ano legal para a música. Entre as mais tocadas, estavam a famosa "O homem de Nazaré", do Antonio Marcos, que você nem deve conhecer. Ele já morreu. O Benito de Paula cantava "Retalhos de cetim". Clara Nunes fazia sucesso com "Tristeza pé no chão". Na cena internacional, também rolou muita coisa boa. Tinha o Billy Paul, cantando "Me and Mrs. Jones". Os Bee Gees... Já ouviu falar deles, né? Então, estavam nas paradas com "Wouldn't I Be Someone". David Bowie tinha vários hits nas rádios, como "Life on Mars". E o Marvin Gaye fazia a rapaziada pensar com "Let's get it on", que faz sucesso até hoje. Perigas você ligar o rádio agora e estar tocando em alguma estação.

– Já estou achando que foi um ano legal – admitiu Renato, franzindo as sobrancelhas.

– E no futebol, então – disse Rodrigo, enquanto cortava o bife –, o carioca foi decidido num Fla–Flu espetacular. Campo encharcado e o Fluminense apostou nos contra–ataques para fechar o primeiro tempo com 2 a 0, gols de Manfrini e Toninho.

– Ai, ai, ai – lamentou Renato, como se a partida transcorresse naquele exato momento.

– No segundo tempo, o Mengão reagiu. Dario fez dois, aos 25 e 33, e empatamos.

– É raça! Raçaaa!

– Então, mas o Fluminense tinha um belo time. Manfrini, de novo, e Dionísio marcaram para eles. Final: 4 x 2.

Mas foi um jogão, com 74 mil pessoas no Maraca. Pô, não se pode ganhar sempre.

– Não gostei. Não gostei dessa história – lamuriou-se Renato, amassando o pãozinho entre os dedos da mão esquerda, sofrendo como se tivesse acabado de assistir ao jogo pela televisão.

– Bom, mas o curioso foi em São Paulo – observou Rodrigo, com a boca cheia. – O famoso juiz Armando Marques errou na conta dos pênaltis e declarou o Santos campeão na disputa com a Portuguesa. Quando ele percebeu o erro, o time da Lusa já tinha ido embora. Lambança total. O jeito foi dividir o título. Lá, 1973 tem dois campeões. É, no mínimo, engraçado.

– Cara, tem um mundo de coisas acontecendo em 1973 – concluiu Renato. – Assim como 1968, esse ano não acabou.

– E nem vai acabar. Se você assistir a "Amarcord", de Fellini, vai estar diante de uma obra de 1973. O mesmo se botar no DVD o "American Grafitti", do George Lucas. E tem também "Papillon", estrelado por Steve McQueen e Dustin Hoffman. O filme que ganhou o Oscar foi "Golpe de Mestre", muito bom, com o Robert Redford e o Paul Newman.

– Putz, acho que eu queria ter vivido nessa época – conjecturou Renato, sentindo saudade do passado de outras pessoas.

– Na verdade, eu ainda não percebia as coisas do mundo – frisou Rodrigo. – Mas eram alguns dos acontecimentos que iam definir o meu tempo, o meu modo de pensar.

Era um período de mudanças, sim, portanto. O mundo e o Brasil não estavam parados.

– Metamorfoses...

– Taí, bem lembrando, foi algo que me escapou. 1973 é o ano em que o Raul Seixas lança "Metamorfose Ambulante", no famoso disco "Krig–ha, Bandolo!". Joia da música.

– Caraca, esse eu conheço – celebrou Renato. – Muuuuito. Na facul, falam muito dele.

– Esse cara está presente na cultura até hoje. Parece que não morreu.

– Não mesmo – concordou Renato, enquanto limpava o prato, levando ao garfo os últimos grãos de arroz e feijão.

– Curtiu a comida? – perguntou Rodrigo.

– Refeição boa, sim, com um passeio pela história – disse Renato, antes de dar mais uma golada em seu refrigerante de laranja. – Mas tem um lance interessante nisso tudo. Você estava promovendo e vendendo 1973 como se fosse um produto. Parece que foi puro marketing durante todo o almoço. Se você tivesse uma máquina do tempo, venderia facilmente passagens pra essa época.

– Está aí uma boa ideia – festejou Rodrigo, procurando memorizar a sugestão. – E o teu amigo, não apareceu?

Um senhor grisalho, na mesa ao lado, ouvia tudo com interesse. De repente, tomou coragem e resolveu se intrometer na conversa.

– O senhor me desculpe – disse, dirigindo-se a Rodrigo –, mas vocês são de fora e estão parecendo da imprensa, do Ibope, não é?

– Não, não, meu senhor, somos do marketing – explicou Rodrigo.

– Eu não entendo bem dessas coisas – admitiu o interlocutor, parando para palitar os dentes.

– Qual é o seu nome, amigo? – perguntou Rodrigo.

– Herculano. Herculano Gomes. Eu sou daqui mesmo. Já fui do Exército, tive uma loja de roupas para militares. Sempre estive por aqui.

– A Vila Militar é aqui do lado, né? – indagou Renato.

– Tudo colado. Você segue a rua aqui, vira à esquerda e já vai ver lá um portal.

– E o senhor gosta de viver aqui? – perguntou Rodrigo, já profissionalmente.

– Eu só morei aqui – disse Herculano. – Tem coisa boa, sim. E melhorou muito de uns anos para cá. É que o pessoal de fora acha que o Rio é praia ou é morro. É Vieira Souto ou é Alemão. Não é assim?

– É mais ou menos por aí – assentiu Rodrigo.

– Então, mas tem o subúrbio também, que é outra coisa, com seus valores – decretou o velho morador local, em tom professoral.

– Enfim, mas é sossegado? – inquiriu-o Rodrigo, com interesse.

– Inevitável. Uma ocorrência ou outra, mas muita gente se conhece. Muito residente antigo. Além disso, não tem aquele labirinto vertical. Então, é tudo mais aberto, mais seguro.

Por um momento, Renato imaginou que o interlocutor idoso iniciaria um discurso de preconceito contra o povo das favelas. A conversa, no entanto, tomou naturalmente outro rumo.

– Do que eu mais me lembro aqui, é de 1958, quando ocorreu a maior explosão que o Brasil já viu.

– Sério?! – manifestou-se Rodrigo.

– Vocês são moleques ainda. Foram 72 horas de explosões no Depósito Central de Armamentos e Munições do Exército, que era o maior da América Latina, na época. Tem velhinho surdo até hoje com tanto estouro. Calculam 27 milhões de tiros disparados.

– Caraca! – espantou-se Renato.

– Esse fogo começou no paiol da infantaria. Depois, foi levado pelo vento até a Granja do Exército. Um terror. Até o presidente Juscelino veio para cá. Tinha gente dizendo que era um levante das forças armadas.

– Que história, hein? – exaltou-se Rodrigo.

– Isso está fazendo 55 anos agora em agosto. Depois, em novembro daquele ano teve outro incêndio e mais explosões. Aí, a coisa foi pior. A Divisão de Polícia Política e Social botou a culpa nos tais comunistas, gente daqui da região mesmo. O Antonio Albuquerque, presidente da associação dos ambulantes do Rio, foi preso. Eu o conhecia. E teve colega militar preso também.

– Mas por que eles fizeram esse atentado? – perguntou Renato, impaciente.

– Eles não tinham feito nada – disse Herculano, balançando a cabeça. – Isso era coisa de política da época. Gente querendo se aproveitar e fazer politicagem com o negócio. Perseguiram quem era inocente, na minha humilde opinião. Eu vou te dizer. Dizem que aqui é base de guerra. Mas o povo daqui é muito pacífico. Sempre foi.

Rodrigo tomou notas e emendou uma pergunta sobre o sistema ferroviário.

– E o senhor pega trem?

– Agora, pouco, né. Tenho uma filha que vive em São Conrado. Ela vem me buscar de carro, de vez em quando.

– Mas eu peguei muito o trem. Ia direto até o Maracanã.

– Sério? – perguntou Renato. – Ver o Mengão?

– Não – riu Herculano. – Ia ver o Fogão. Início da década de 1960, quando era bem fanático por futebol, o Botafogo era quem mandava. Era o Santos de Pelé lá em São Paulo, e o Botafogo do Garrincha aqui.

– É, tá certo – concordou Renato, sem esconder a decepção.

– Então, minha velha ainda acompanha. Por causa dela, fomos duas vezes ao Engenhão. E aí o trem ajuda. É rapidinho. É a linha aqui que vai até a Central do Brasil.

– Poxa, seu Herculano, o senhor nos deu uma senhora lição de história – reconheceu Rodrigo. – Muito obrigado. Se o senhor não se importar, vou até pegar um telefone seu para um outro contato. Muito bom ver essa memória viva do nosso Rio.

– Ligue sim e venha tomar um cafezinho lá em casa – respondeu Herculano.

Capítulo 3

MUDANÇAS A PARTIR DO JUNHO DE FOGO

O encontro em Quintino gerou ao menos um benefício para Rodrigo. Após o almoço em Deodoro, acreditou ter encontrado um colaborador para seus projetos no Rio de Janeiro. Renato lhe pareceu antenado e inteligente. Se os jovens estavam determinados a mudar o Brasil, o estudante poderia ajudá-lo a decifrar esses novos códigos e compreender as demandas dos rebelados.

Renato obviamente comemorara a proposta para trabalhar meio período na empresa de Rodrigo. Mentira docemente para a mãe, no almoço do domingo seguinte.

– Então, naquele dia de manhã fui atrás de um emprego. Acho que preciso ajudar mais aqui. Tinha um encontro com um cara do marketing que tem uma agência lá em São Paulo.

– Ah, mas você não vai para lá, né, meu filho? – preocupou-se Graça. – Tem que terminar a faculdade.

– Não, se rolar, vai ser aqui mesmo, em projetos dele no Rio.

– Se for assim, eu fico muito contente. Eu sabia que você ia conseguir. Você tem muito talento, cabeça boa, só precisa ser mais disciplinado. Mas como aconteceu?

– Aquele meu amigo, o André, me falou da pesquisa desse cara sobre as linhas de trem – continuou Renato, numa narrativa que não considerava uma mentira, mas uma adaptação da realidade que deixaria a mãe mais feliz e orgulhosa. – Então, resolvi me adiantar. Fui até o hotel, conversei com ele e me ofereci para ajudar. Afinal, eu já andei muito de transporte público e sei como funciona.

– Agora, sim – exultou Graça. – Você não sabe o quanto isso me alegra, filho. Eu rezo tanto para você se acertar, para botar a cabeça no lugar...

– Ah, mãe, sem essa, vai... Eu não sou um porra louca... Tem carinha muito pior do que eu, que não quer nada com nada.

– Eu sei, eu sei, eu não quis passar pito – corrigiu-se Graça. – Eu digo botar a cabeça no lugar, assim, no sentido de te dar aquela vontade, aquele objetivo. É uma coisa que eu peço a Nossa Senhora da Penha. Peço que ela te ilumine, porque o que mais faz falta na vida da gente é iluminação. Para começar a se mover, a gente precisa decidir para onde quer ir.

Naquela tarde, depois do papo com a mãe, Renato foi refletir sobre a vida, trancado em seu quarto, que tinha na parede um pôster do Flamengo campeão brasileiro de 2009 e outro do grupo musical pop inglês Coldplay. Para relaxar, no entanto, resolveu ouvir Zeca Pagodinho, que, no *mini system*, começou a recitar os versos de "Deixa a vida me levar". Seguiu o cantor num murmúrio e pensou: "esse cara é filósofo popular e pode me ajudar nessa hora".

Renato deitou-se na cama desarrumada, agitou-se, chutou o lençol para longe, arrancou a camiseta, pensou em Roberta e sua pele de pêssego. Depois, ergueu-se e foi para a escrivaninha. Ligou o computador e resolveu retomar o trabalho em seu diário pessoal, que já tinha cinco anos e menos de vinte arquivos.

Sem hesitação, começou com o título: "junho de fogo". E, entre erros e correções, produziu o seguinte texto.

Putz, diário é um nome muito esquisito. Tem essa frescura, coisa de filme norte–americano. Meu diário, sinceramente, não dá. Não vou falar com o meu diário, mas comigo mesmo. E decreto agora que isto é um memorial, não um diário.

Estamos em agosto e temos que falar de junho, quando aconteceu muita coisa aqui no Rio, e no Brasil inteiro.

Tudo começou com os paulistas, lutando para reduzir a passagem de transporte, que tinha subido de R$ 3,00 para R$ 3,20. A polícia sentou a borrachada na galera e, de repente, estava o Brasil inteiro na rua. Aqui, sei lá, mais de 100 mil pessoas. Muita gente jovem que nem eu.

Caramba, começamos a pedir tudo, a contestar tudo. E não acho que isso seja errado. Minha mãe diz que o Brasil melhorou muito nos últimos anos, que não dá para imaginar como a vida era mais dura antes.

Tá! Eu acredito. Aprendi a ler gráficos a interpretar estatísticas. Sei que era muito pior, que tinha mais miseráveis, mais desemprego e renda menor para quem trabalhava.

Prestei atenção às aulas de história. Sei que o governo dos anos 90 estabilizou a economia. Devia ser uma droga viver com inflação de sei lá, 80% ao mês. Parada dura. Não sei como as pessoas conseguiam se programar. E sei que o governo que veio depois deu a tal invertida na pirâmide de investimentos, fez crescer a nova classe C e fez engrenar uns programas sociais.

Então, mas é certo que a juventude tem que exigir sempre mais. Pelo menos, é isso que eu acho. Posso estar errado, mas ainda tem muito para se fazer neste país. Educação, saúde, por exemplo. Se a gente não empurra, eles ficam no lugar. E eu noto que sem pressão muito político não presta atenção no povo.

Neste memorial, eu queria deixar uma mensagem para o Renato do futuro sobre o que ele fez nesse mês de junho.

Eu fui a umas três passeatas. Eu e muitos caras que estudam comigo, gente do prédio aqui. Era uma massa. Pensei muito na hora de escrever a minha mensagem na cartolina. Sei lá, fui bem genérico: 'por um Brasil mais humano'. Foi isso que eu consegui escrever.

No início, as manifestações foram pacíficas, meio estilo Gandhi, mas depois o lance se radicalizou. Uns moleques começaram a dizer que era para derrubar o sistema, que não tinha jeito de consertar. Se já tinha gente pilhada, a repressão da polícia agitou ainda mais os protestos.

Aí, sei lá, a gente olhava e tinha um bonde na avenida, a garotada que descia porrada, destruía mesmo, e depois corria. Isso, não sei como, contamina a gente. Você está de um lado ou de outro.

Aí, fiz uma cagada. Tinha lá uma agência de banco. Lembrei que eles tinham mandado minha mãe para o SPC. Fiquei furioso. Quebrei uns dois daqueles painéis de vidro. Quebrei, depois fiquei olhando para aquilo. A maior zoeira atrás de mim. E fiquei arrependido, envergonhado. Um cara com máscara me deu um tapão no pescoço e me mandou correr.

Obedeci só depois que tudo se enfumaçou. Respirei e aquela fumaça me comeu os pulmões. Horrível. Quis vomitar. Não saía nada. Corri e uma garota me jogou vinagre nas mãos, que eu esfreguei no nariz. Nem sei se melhorou alguma coisa.

Depois de uma hora, eu estava sentado na frente da Confeitaria Colombo, na Gonçalves Dias. Tinha uma mulher do meu lado. Achei que era uma militante. Sei lá, estava de vermelho. Achei que era gente do PSTU, mas era uma garota de programa (tenho certeza que era por causa das roupas) com um salto do sapato quebrado.

Depois disso, eu fiquei cheio de dúvidas. Eu, estudando marketing, indo servir ao sistema e quebrando banco? Puta contradição, cara. Aí, deu uma pirada geral. Sorte que vieram as férias. Sabe aquele negócio de 'tudo que é sólido se desmancha no ar'? Pois, aconteceu comigo.

Depois, fui para o interior. Lá não tinha nada disso. Não tinha grupos atirando coquetel molotov na polícia do governador e também não tinha banco cobrando juros altos. Tinha mato, cachoeira e o violão do Paulo, brega pra caralho... Mas, de repente, maneiro, porque até faz pintar um clima com as gatinhas.

Então, aí tem a Roberta, que é zen. Ela se diz apolítica. Mas apolítico ninguém é. Ela não sabe disso. A política dela é aquele papo franciscano de 'irmão sol, irmã lua'. Ela acredita que todo mundo pode viver plantando a própria comida e fazendo artesanato de barro e de corda.

Lógico que não dá. Quem vai fazer funcionar, sei lá, uma hidrelétrica? Não vai ter mais carro? E se alguém precisar operar uma hérnia? Quem vai fazer isso?

É difícil, mas a gente depende do sistema. A sociedade evoluiu de um jeito que estamos presos. Esse progresso da tecnologia não tem volta.

Eu, por exemplo, não ia saber datilografar isto aqui. Máquina de escrever, fotografia com filme, vídeo com fita VHS. Isso nem é coisa muito antiga, mas já não consigo imaginar o mundo assim. Antes era tudo mais lento. As pessoas usavam o correio para se comunicar... O futebol de antes era bonito, mas pareciam jogar em câmera lenta. A gente vê a Copa de 70 e eles parecem que estão fazendo hidroginástica. Kkkkkk. Tudo devagar, devagar, devagar...

Eu sou um cara de uma geração impaciente. Admito. Sou apressado, afoito. Foi por isso que fui para a rua.

E, ao mesmo tempo, fico cansado dessa competição o tempo todo. Agora, preciso encontrar um ponto de equilíbrio. Eu não sei como. E acho que já escrevi demais. Paro por aqui.

Capítulo 4

A HISTÓRIA DE UMA VIDA

No dia seguinte, por coincidência, Renato foi encontrar Rodrigo na mesma confeitaria em que vivera parte de sua aventura de rebelde, no centro da cidade. Criada em 1894, era uma símbolo de consistência para o profissional de marketing.

– Olha tudo isso aqui, Renato, esses vitrais coloridos, esses espelhos importados de Antuérpia, esses frisos em madeira de jacarandá. Tudo com esse toque de *Art Nouveau*. Viagem no tempo, hein?

– Muito bonito mesmo, Rodrigo – respondeu Renato, sentindo-se oprimido por tanta história e tanto luxo.

– Por mim, a gente até conversava num boteco – explicou-se Rodrigo. – Mas eu quis fazer um contraponto. O profissional de marketing precisa lidar com a diversidade. Mercado tem pobre e tem rico. A gente tem que lidar com a cultura popular e a cultura acadêmica. Não pode ter preconceito. E precisa ter ideias duráveis. Isso aqui é legal porque resistiu ao tempo.

— Eu sei, eu sei — ponderou Renato —, é que eu não estou muito acostumado. Eu nem sei mexer com talheres.

— Vai na boa, irmão, no teu ritmo. Vai aprendendo sem se importar com o que os outros pensam. Eu quero saber se você pode me ajudar nesses projetos. Mas nem é naquele dos trens que eu preciso de mão de obra.

— Não? — decepcionou-se Renato, franzindo os lábios numa careta. — É que aquele me interessou. Tem mais o meu jeito.

— Naquele você vai ser útil, sim. Mas tem outro que precisa de alguém que saque a coisa do futebol. Você não curte? — indagou Rodrigo, detendo-se para fazer seu pedido ao garçom.

— Na boa, vou ser franco... Tem um monte de contradições.

— Eu também acho. Também acho.

— O que seria? — perguntou Renato, nesse momento mais preocupado com o menu.

— Pede a picanha ao molho de vinho e não vai se arrepender — indicou Rodrigo, vendo a indecisão do rapaz, que logo aceitou a sugestão. — No ano que vem, tem Copa do Mundo. Estou criando projetos destinados às empresas que queiram aproveitar essa oportunidade para estreitar os laços com os colaboradores. Falo de copas internas, por exemplo, ou de palestras sobre gestão que façam associações com o esporte. Sabe o Carlos Alberto Torres, o capita?

– Sim, conheço, sim, é o capitão de 70, no México. Jogou em um monte de times, até no Flamengo.

– Esse mesmo – alegrou-se Rodrigo, vendo no garoto um entendido no esporte bretão. – Eu admiro muito o Carlos Alberto e fazemos alguns trabalhos juntos. São eventos bem interessantes. Imagina o maior capitão de futebol falando sobre disciplina, engajamento e motivação. As palestras dele funcionam muito bem com diretores e gerentes de empresas corporativas. O nosso país adora usar a simbologia do futebol para explicar tudo, então...

– Como assim, desculpe, mas não entendi – interrompeu Renato.

– Em tudo, o pessoal usa termos importados do futebol. Tipo, a moça não quer mais o namorado. A gente diz que ela botou ele para escanteio. O sujeito fica numa situação difícil na empresa. O povo diz que fulano está na marca do pênalti. Compreende?

– Sim, agora está bem claro – consentiu Renato. – Quer dizer que uma personalidade do futebol pode ensinar coisas para um administrador de empresas?

– Claro. Ele, obviamente, não vai falar de coisas técnicas. Não tem que falar de taylorismo, fordismo e toyotismo, que são parte da teoria específica da gestão. Mas pode falar sobre espírito de equipe, estratégia e superação de limites.

– Isso é muito interessante. Se puder, gostaria de estar presente em uma dessas palestras.

– Se for trabalhar com a gente, eu te levo na próxima.

– Então, mas tem aquilo que eu disse sobre o futebol – disse Renato, expondo um ar de desagrado. – Tem esse negócio da Copa. Não seria melhor investir todo esse dinheiro em hospitais e na construção de escolas? Eu me sinto meio mal em participar disso, mesmo que indiretamente.

– Eu sei o que você está sentindo e posso me colocar no seu lugar – anuiu Rodrigo.

– Mas, então, por que não larga tudo isso e vai fazer outra coisa? – indagou Renato, sentindo-se novamente nos enfrentamentos de junho.

– Vamos por partes. Grandes eventos esportivos podem produzir grandes benefícios para a população. A olimpíada de Londres, por exemplo, gerou aprendizado profissional, empregos e inclusão social. Áreas degradadas da capital inglesa foram revitalizadas com o projeto. Tudo depende de como se faz.

– Mas e no Brasil?

– Aqui também teremos áreas que vão se beneficiar com os novos estádios. É o caso de Itaquera, na periferia de São Paulo.

– Então, me desculpe, mas está tudo bonitinho?

– Não, de forma alguma – explicou-se Rodrigo. – Esse investimento estatal precisa ter retorno para a população, para os negócios, especialmente para os pequenos negócios. O que é colocado nesses projetos precisa voltar aos cofres públicos.

– Como?

– As empresas que trabalham direta ou indiretamente com o futebol pagam impostos. Ou seja, é dinheiro que volta para o poder público, e que pode ser investido em saúde e educação.

– Não seria melhor investir diretamente?

– Um hospital é essencial – lembrou Rodrigo. – Para manter, precisa de muitos recursos. No caso de um hospital público, o maior problema não é construir, mas manter. Não adianta apenas importar médico! Então, para manter uma unidade decente, bem aparelhada, é preciso ter uma economia forte. Com aquilo que se arrecada, é possível manter um hospital ou escola funcionando.

– Mas aí tem a corrupção, mil coisas – disse Renato, em tom de descrédito.

– Isso é outra coisa – argumentou Rodrigo. – A gente precisa votar direito e fiscalizar os governantes.

– Eu queria hospitais "padrão FIFA".

– Não penso diferente – disse Rodrigo. – A política é uma coisa que exige o tal gradualismo. Eu sei que você, na universidade, deve ouvir muita gente falando sobre a tomada do poder, sobre revolução. Na época em que estudava, havia lá o pessoal dos diretórios acadêmicos. Alguns tinham o pé no chão. Outros, no entanto, queriam expropriar os meios de produção, romper com o sistema financeiro internacional e estatizar as multinacionais.

– Não seria uma solução?

– Francamente, isso imobilizaria o país. Ficaríamos isolados. Não tem como enveredar por isso. Logo, a gente teria desemprego em massa, desabastecimento e fome.

– É... – concordou Renato. – Eu pensei nisso ontem. Vivemos num mundo globalizado e muito do nosso conforto depende dos outros. Enfim, mas vamos voltar ao assunto Copa do Mundo.

– Aí, Renatão, eu acho que eles cometeram um erro grave! – disse Rodrigo, num excesso verbal. – Quando montaram o projeto, deviam prever que cada estádio seria um centro cultural e de serviços da comunidade.

– Como assim? – perguntou Renato, interessado, agora de olho no prato apetitoso que chegava à mesa.

– Podia construir o estádio e, em volta, erguer uma escola profissionalizante, uma central de especialidades médicas, uma unidade expedidora de documentos, uma oficina de cultura com área para espetáculos teatrais e musicais...

– Pô, aí seria show de bola – animou-se Renato.

– Não sairia tão caro e isso geraria apoio da população aos projetos. É a história do legado. É fato que os estádios geraram empregos, especialmente na área de construção. Mas essa mão de obra deveria receber cursos e se gabaritar. Tipo, o cara chega como servente de pedreiro e sai especializado na montagem de estruturas metálicas. É com a educação que a gente vai deixando o subdesenvolvimento para trás.

A conversa se prolongou por mais uma hora. No entanto, Renato ainda não sabia de que forma poderia ser útil aos projetos do profissional de marketing. Após o almoço, foram até o pequeno escritório de Rodrigo, na Barra, cujas paredes estavam cobertas de quadros com camisas de futebol, muitas delas autografadas por craques de diversas épocas. Viu uma da Seleção, amarelinha, com o nome de Carlos Alberto Torres. Outra era do Flamengo. Quando foi examinar a assinatura de Zico, a secretária pediu que seguisse para a sala de reunião.

Rodrigo mexia com o computador. Tinha em mente apresentar um *PowerPoint* com as diretrizes de um de seus projetos corporativos na área de relacionamentos. Exibiria imagens de eventos já realizados, nos quais os melhores colaboradores de vendas das empresas viviam experiências exclusivas como jogadores de futebol. Mostraria esse pessoal concentrado em hotéis, participando de preleções, disputando partidas em grandes estádios, posando para fotos ao lado de jogadores famosos; todos eles ganhando um DVD com registros da aventura.

– E aí, pronto para compreender o nosso negócio?

– Não, para ser sincero, não – abriu-se Renato. – Eu não sei se esse é o meu mundo. Não sei se quero participar disso. O senhor, opa, você, Rodrigo, está sendo super gente fina, mas eu não sei mesmo se estou preparado. Não queria tomar seu tempo à toa. Eu não vim da mesma classe social que você. Sou classe média baixa. Não tenho um pai presente. É uma realidade diferente. Entende?

Rodrigo se calou por um instante, coçou o queixo e, acionando o controle remoto, desligou o grande monitor que exibia a foto de um presidente de empresa, com terno e gravata, chutando uma bola. Em seguida, saiu silenciosamente da sala, aterrorizando o visitante.

"Será que deixei o cara muito puto da vida?", questionou-se Renato. "Será que vai trazer alguém para me botar para fora?"

Minutos depois, Rodrigo retornou, ainda em silêncio, trazendo algumas fotos antigas e amareladas. Sentou-se, respirou fundo e iniciou um desabafo.

– Cara, tá vendo isso aqui?

– Sim, tô vendo. Um lugar, digamos, popular. Um menino...

– Sabe quem é?

– Não, não sei...

– Olha bem... Não descobriu? *Brother*, será que mudei tanto? Esse carinha sou eu, em cima de uma bicicleta, lá em Paquetá, onde passei parte da minha vida.

– Sério? Ou é pegadinha?

– Sou eu, amigo – respondeu Rodrigo, simulando indignação. – Tá duvidando? Olha aqui atrás. Tem o meu nome e a data. Foi minha mãe que botou isso aí, a lápis.

– Caramba. Mas você tem uma base aqui na Barra. Anda de avião...

– Camarada, o Brasil mudou, o Rodrigo mudou, as coisas mudaram...

– Você quer dizer que foi um cara como eu no passado? – indagou Renato.

– Nem a pau – respondeu Rodrigo, rindo alto. – Minha situação foi de grande desafio.

– Verdade? – duvidou Renato, já sentindo os calores faciais da vergonha.

– Você está com pressa?

– Não, estou sussa, quer dizer, sossegado.

– Eu preciso participar de uma teleconferência em dez minutos. Então, vou me adiantar para preparar o meu material de apresentação. Eu gostaria que você lesse, se possível, o trecho de um livro que estou escrevendo com a minha história. É algo para marcar os meus quarenta anos de vida. Tá disposto.

– Normal, legal, pode me passar.

– Está impresso. É só uma parte, um rascunho. Vou deixar você lendo e vou cuidar desse compromisso com o meu parceiro em Las Vegas. Depois a gente conversa mais.

Rodrigo deixou a sala e, logo depois, a secretária trouxe uma brochura com o manuscrito da obra.

– Ele pediu para ler essa parte aqui, entre as páginas 15 e 34 – informou Paula, perguntando ao rapaz se queria água gelada ou café.

– Olha, para encarar, vou querer um café, sim... – respondeu, suspirando.

O trecho do livro continha a seguinte história:

Nasci na Beneficência Portuguesa, no Flamengo, em abril de 1973. Foi minha primeira moradia. Mas história de gente começa muito antes do nascimento. Por um lado, a minha passa pelo interior da Bahia, onde minha mãe veio ao mundo, em 1937, ano em que Graciliano Ramos escrevia seu clássico "Vidas Secas".

Foi um daqueles momentos estranhos, em que o destino troca uma vida por outra. Ela iniciou sua jornada e, naquele momento, findou-se a de minha avó. Parto não era uma coisa tão simples naquela época. O pai dela, diante de tamanha responsabilidade, sumiu logo depois. Quis o destino que também falecesse, ainda jovem.

Quem criou a menina, numa rústica fazenda, foi minha bi-savó, mulher de fibra e de coragem. Quando completou 18 anos, minha mãe achou-se sem perspectiva naquele sertão. Sem pedir permissão, foi tentar a vida no Rio de Janeiro. Trabalhou, traba-lhou e trabalhou, até que um dia a sorte lhe sorriu. Tomava café num bar de Copacabana, quando foi abordada por um sujeito bem vestido e aprumado.

– Mas você, me permita a ousadia, é moça muito ajeitada, de belos traços. Não gostaria de fazer um teste na TV?

Esse indivíduo era ninguém menos que Aérton Perlingeiro, um famoso apresentador de rádio e televisão da época. Havia começado a carreira na Rádio Transmissora, em 1943. Na época, comandava um programa na TV Tupi, nos sábados à tarde. Vem a ser pai de Jorge Perlingeiro, também homem de comunicação, conhecido locutor da apuração dos desfiles das escolas de samba do Rio de Janeiro.

Durante anos, minha mãe foi assistente de palco do Aérton. Estabelecia os acordos comerciais para a oferta de brindes e os entregava para os convidados. Era uma profissional do merchan-dising, quando esse termo ainda não era usado no Brasil. Teve a oportunidade de trabalhar no belíssimo prédio que um dia hospe-dara o famoso Cassino da Urca.

Nesse período, enamorou-se de um garboso militar da Ae-ronáutica, com quem casou-se e teve meus irmãos mais velhos. Mais uma vez, no entanto, o destino lhe pregaria uma peça, e na mesma Bahia natal. O pesado Búfalo deixou de voar quando precisava, espatifou-se e assim cessou a vida daquele jovem piloto e pai de família.

Minha mãe segurou a barra sozinha, trabalhando e poupando o que podia para criar seus filhos. Quando apareci neste planeta, minha mãe ainda trabalhava na emissora, de onde saiu pouco tempo depois. Nessa época, a Tupi mergulhou numa profunda crise, até a interrupção de suas atividades, em 1980.

Ora, mas existe o outro lado da minha árvore genealógica. Meu avô paterno era um homem trabalhador e que tinha um forte perfil de comerciante, fato marcante na colônia libanesa.

Aqui, o amado avô Geammal vivenciou o comércio de tecidos. Usava relógio de bolso e sapato de duas cores. Era bonitão e elegante. Amava a família! Ele foi encantar-se por minha avó, Odete, e formaram uma linda família com dois filhos: George (meu pai) e Victor (meu tio).

Meu pai foi um profissional aplicado, que desde cedo trabalhou muito! Era inteligente e dedicado à família. Um homem maravilhoso e de muitos princípios e fé. Seu envolvimento com minha mãe foi breve.

Na primeira vez que visitei meu pai, lembro que morava em uma casa no bairro de Cosme Velho, na rua Marechal Pires Ferreira. Recordo também de alguns almoços de família na residência dos meus avós, onde os tabuleiros tinham kibe, kafta, tabule e falafel. O arroz libanês era uma delícia. A lembrança me dá água na boca. Mantenho na memória a imagem de Marlene, colaboradora amável que tinha grande carinho por mim.

Minha família nuclear, portanto, era outra. Era composta por mim, por minha mãe e pela Mara. Todo mundo tem uma lembrança de estreia no mundo. A minha é muito clara. Olha que doideira, caro leitor. Estou sentado num carrinho de bebê, no calçadão de Copacabana. Quem me conduz é a Mara, minha mãe preta, uma colaboradora dedicada de minha mãe que morou conosco por treze anos.

A experiência é realmente tudo na vida. Se hoje sou tão amante das mesclas e do respeito à diversidade, certamente é por causa da minha origem e dos exemplos de Mara, paraibana, minha amiga, minha protetora, tão boa quanto a Irene do poema célebre de Manuel Bandeira.

Ela me levava ao Posto 6, onde comíamos biscoito de polvilho Globo, tomávamos sorvete Chicabon e construíamos castelinhos de areia. Naquele mesmo lugar, eu ganhava presentes dos pescadores, umas manjubinhas que tentava criar no aquário caseiro. Nas noites de quitinete, na rua Viveiros de Castro, eu logo me inquietava. Vinha ela, então, propor brincadeiras com os bonequinhos do "Forte Apache". E assim corriam as horas.

Em 1977, minha mãe deixou a Tupi. Assim, aos poucos, foi consumindo suas economias. Eu, no entanto, nem suspeitava da dificuldade. Lembro, portanto, daquilo que me proporcionava prazer. Na rua Bolívar, por exemplo, tinha uma padaria, cujo dono era louco por mim. Era sagrado. Passávamos lá e ele me presenteava com um pão tatu, meio doce, que eu adorava.

Como não escolhia trabalho, minha mãe aceitou atuar como bedel no Colégio Anglo–Americano, em Botafogo. E foi ali minha primeira escola, acesso obtido por meio de excelente permuta: trabalho por educação.

O tempo passou e a dificuldade financeira se agravou, mas não somente para nós. É preciso olhar para a história com atenção. Naquela época, o brasileiro já não tinha ilusão de ver reprisado o "milagre econômico" (1968–1973). No cenário internacional, havia a crise do petróleo. Internamente, os governantes do regime ditatorial não logravam recolocar o país nos trilhos do desenvolvimento.

Aí, o "dragão" passou a ganhar força. A inflação aumentava de ano para ano e o salário se evaporava caso não fosse gasto rapidamente. Para se ter uma ideia, a inflação (preços ao consumidor) foi de 38,7% no ano de 1977, atingindo 248,5% em 1985, quando o General Figueiredo deixou a presidência. Nesses anos amargos, muita gente empobreceu, subiu o morro e foi engrossar o contingente de favelados.

Nossa família de três não fez esse caminho, mas tivemos de saltar de moradia em moradia. Simplesmente, não dava para suportar o valor dos aluguéis nas áreas mais nobres do Rio.

Em 1981, nós já estávamos, digamos, perfeitamente proletarizados. Morávamos na Tijuca, na famosa rua General Canabarro, em frente ao Colégio Militar. Nosso pequeno apartamento ficava no sétimo andar. Tomava muito sol e era quente. Por volta de quatro da tarde, a mão torrava se fosse colocada contra a parede do lado oeste.

Bom é que dali dava para ver o antigo Maracanã. Aos domingos, eu montava minha piscina. Nada mais era que o tanque de lavar roupa, cheio, onde eu me sentava, com Motorádio a pilha, para acompanhar os jogos. Quando se marcava um gol, eu ouvia o som que subia do estádio, confundindo-se magicamente com aquele do alto–falante.

O ano de 1982 foi especial. O Brasil inteiro foi para a rua. Cada comunidade fez o que pôde para celebrar as vitórias do time de Telê Santana na Copa do Mundo da Espanha. O time era realmente maravilhoso, com Zico, Sócrates, Falcão, Éder e Cerezo. Na verdade, toda aquela agitação revelava que o povo já intuía uma transformação em curso no Brasil. Alguns jogadores mais conscientes falavam abertamente sobre liberdade e democracia.

O médico Sócrates era o líder da chamada Democracia Corinthiana, que constituiu uma experiência de cogestão no alvinegro paulista. Um de seus interlocutores, ainda que discreto, era Zico, que conhecia de perto o problema da perseguição política. Seu irmão Fernando Antunes Coimbra, o Nando, tivera a carreira interrompida no início dos anos 1970, por ser considerado "subversivo". Por conta desse caso, a família inteira sofrera. Edu fora vetado da Seleção de 70 e Zico não pôde integrar a seleção olímpica que foi a Munique, na Alemanha, em 1972. Essa injustiça quase o fez abandonar o futebol. Naquela época, esses fatos não eram divulgados. Minha paixão estava, portanto, dirigida para o universo da bola.

A Tijuca era como uma cidade do interior. Um chamava o outro pelo nome. O pipoqueiro me vendia fiado. O açougueiro, o cara que cortava o meu cabelo e o ambulante compunham uma espécie de família ampliada. No dia 5 de julho, reunimo–nos todos para acompanhar o jogo entre Brasil e Itália, no estádio Sarriá, em Barcelona. As calçadas se encheram de cadeiras de praia. No asfalto havia desenhos caprichados, com imagens dos jogadores, do símbolo da CBF e do mascote da Copa, o Naranjito. Houve até concurso para se determinar que rua do Rio produzia a melhor arte celebrativa. No alto, tremulavam nervosas as bandeirolas em verde e amarelo penduradas entre os postes.

Eu nem cogitava da derrota. Estava, vamos dizer assim, mal-acostumado com a rotina de vitórias do rubronegro. No ano anterior, vibrara com a conquista da Copa Intercontinental, mais conhecida como Mundial Interclubes. O Flamengo batera o Liverpool da Inglaterra por 3 a 0, em Tóquio, numa partida memorável do Galinho de Quintino.

O jogo começou e, inexplicavelmente, a desacreditada Itália saiu na frente, com um gol de Paolo Rossi. Sócrates, no entanto, *logo empatou e nos devolveu a alegria. Mas o atacante italiano foi lá e fez mais um gol. Caramba, o que estava acontecendo com a nossa defesa? Foi uma angústia só até o empate de Falcão. A massa explodiu, do Oiapoque ao Chuí. Pronto, estava aberto o caminho para mais uma vitória. No entanto, pouco depois, Rossi anotou seu terceiro tento. Procuramos furar o bloqueio do adversário, mas fracassamos. O árbitro trilou seu apito e o melhor time da competição foi eliminado.*

Eu não me lembro de outra ocasião em que tenha derramado tantas lágrimas. Chorei de soluçar. Como podia ter acontecido aquilo?

Neste momento, Renato tinha os olhos marejados e não deu atenção à mão que pousara em seu ombro esquerdo. Era Rodrigo, que vinha conferir o avanço da leitura.

– Chegou na parte da Copa?

– É, estou aqui, na Tragédia do Sarriá – confirmou Renato. – Acho que só não foi pior do que a derrota para o Uruguai, na final de 1950. Olhas, mas... Tem coisas aqui que eu nem imaginava...

– Sabe que eu demorei até ver o Zico de perto?

– Sério? – espantou-se Renato. – Trabalhando nessa área, pensava que o tivesse encontrado muitas vezes.

– Isso veio a acontecer somente em 2010, na Vila Belmiro, num jogo que tinha Neymar e Narciso.

– Espero um dia ter a mesma chance – animou-se Renato.

– Então, bom que esteja gostando do relato. Eu tenho que ir até um hotel aqui perto, pegar um cliente estrangeiro. Você se incomoda de esperar mais uma horinha aqui?

– Não, Rodrigo, pode ir tranquilo. Eu fico aqui para completar a leitura. Não tenho compromisso agora.

O trecho na sequência era este:

Se a vida andava amarga, minha mãe tentava adoçá-la, para nós e para os outros. Nessa época, passou a produzir e vender doces caseiros, como bolos e cocadas. Na verdade, seu menu era mais variado. Tinha também pastel de forno, coxinha, rissole e outros salgadinhos.

No começo, oferecíamos os quitutes em atividades nas escolas, em celebrações religiosas e em quermesses de junho. Montávamos uma barraca e fazíamos o nosso comércio. Festas de aniversário, casamento e batizado eram outra fonte de receita. Por encomenda, ela preparava o bolo e os salgados juntamente com a Mara.

Com o passar do tempo, resolvemos entrar no mercado financeiro... Não, amigo leitor, não tínhamos como especular com o capital. Nosso negócio era vender as iguarias nos bancos do centro da cidade. Por conta da qualidade dos produtos, minha mãe ganhou a confiança em algumas instituições, de modo que podíamos botar o tabuleiro na cozinha e esperar os fregueses na hora do café.

Nessa época, eu entrei para o mundo do trabalho. Mas ainda me divertia. Com brinquedos, a meninada da turma combinava para ver quem fazia a bola de meia mais dura e resistente. A ordem era inventar e testar materiais.

O mesmo fazíamos com o sapato, o tradicional Vulcabrás 752 de uso escolar. Que sempre furava a sola e a gente improvisava ali um pedaço de papelão. Travessura de garoto!

Meus principais parceiros nessas experiências eram o Ricardo e o Jesus, filhos do casal de portugueses que ocupava um apartamento vizinho. Disputávamos um eterno Brasil x Portugal no futebol, na garagem ou na rua, sempre com bola de meia e "traves" feitas de Havaianas. O lance é que essa improvisação exigia que aprendêssemos a argumentar e a buscar conciliações. Um comemorava o gol, enquanto o outro o impugnava, afirmando que a bola tinha passado por cima do chinelo. Se não chegávamos a um acordo, um chamava o outro de ladrão, a partida se interrompia e voltávamos todos para casa.

No meu caso, a experiência para praticar a diplomacia veio cedo. Eu lidava com pessoas o tempo todo. E nem sempre com gente do mesmo estrato social. Convivia, por exemplo, com os garotos de Cosme Velho e com a galera popular da Tijuca. Assim, creio ter ganho repertório, a habilidade de lidar com pessoas diferentes. Trata-se do primeiro grande presente intangível que a vida me deu.

Nessa época, estudei num colégio de freiras, o Santa Teresa de Jesus, na Rua Conde de Bonfim. Severas, as religiosas me diziam: "estuda, estuda bastante que você ganha o desconto". Eu me esforçava. Juro. Com nove anos, cursava a primeira série. Era um sênior na sala.

Em 1985, aos 12 anos, virei aluno de uma das unidades do Colégio Palas, fundado em 1960, a princípio como curso preparatório para quem desejava tentar a carreira militar. Completei, porém, apenas o primeiro semestre.

Nessa época, a situação financeira apertou mais ainda. Como não tínhamos mais crédito, a solução foi atravessar o mar, ou um pedaço dele. Assim, minha mãe, Mara e eu, fomos viver num lugar distante. Ali, eu aprenderia o sentido exato da palavra solidão.

Naquele momento, Renato ouviu um zum zum zum no *hall* de entrada. De repente, a porta de vidro se abriu e por ela irromperam Rodrigo e um sujeito de pele nevada e olhos azuis.

– Oi, Renato! Este aqui é o Claude, um francês interessado em investir em projetos do esporte no Brasil. Vamos fazer um *tour* pelo Rio de Janeiro com ele. Quero que vá com a gente. Amanhã, começamos por Paquetá. Pegamos a barca na Praça XV às quatro da tarde. Vamos?

Capítulo 5

O SABER DAS RUAS

Renato chegou à estação pouco antes das quatro da tarde, conforme o combinado. Fazia-se acompanhar de uma amiga de faculdade, uma apaixonada por fotografia. Trinta minutos depois, não havia sinal de Rodrigo. Fez uso do celular pré-pago e procurou obter notícias sobre a excursão.

– Rapaz, fomos até a Prefeitura e tinha lá uma manifestação – informou a voz do outro lado. Vamos nos atrasar. Segura as pontas aí.

A dupla de homens de negócio desembarcaria de um táxi quando faltavam dez minutos para as cinco. Pareciam cansados. Renato foi apresentado a Claude e, por sua vez, explicou a presença de Sandra.

– Essa aqui é uma amiga que estuda jornalismo lá na universidade. Ela é ótima fotógrafa. Se não tiver problema, gostaria que ela fosse com a gente. Pode coletar umas imagens interessantes, que vão ajudar na elaboração do projeto. Tudo bem?

– Pô, maravilha, meu irmão – festejou Rodrigo. – Vamos nessa. Seja bem–vinda ao grupo, Sandra. Tem muita coisa legal para a gente ver lá na ilha.

Houve um atraso na partida. Uma das barcas apresentou defeito e o povo se aglutinou impaciente no cais. De repente, um dos passageiros começou a cantar em verso o sofrimento do povo mais simples. Rodrigo, atento, tentava traduzir as palavras para o visitante.

Quem aqui muito trabalha,
Nem sempre tem seu pão,
E o transporte muito falha,
Quem nos estende a mão?

De repente, entre uma frase e outra, estancou. Os olhos copiaram o mar adiante. Fraquejou e revelou, em duas línguas, o motivo da emoção.

– Na verdade, fui um desses aí quando menino – recordou Rodrigo. – E não tenho vergonha de contar. O dinheiro ficou escasso e precisamos nos mudar para Paquetá. Nessa barca, eu vendia os doces que minha mãe fazia em casa. Fui, portanto, um comerciante como esses que andam por aí com esses tabuleiros.

Claude ficou impressionado e disse que era um prazer saber da história de batalhas de um verdadeiro carioca, de um verdadeiro brasileiro. Nesse momento, abriu um longo sorriso que foi captado pela lente de Sandra.

Passaram debaixo de Ponte Rio–Niterói e vibraram com as curvas rasantes de aviões que chegavam ao aeroporto Santos Dumont. Os olhos nipo–brasileiros da fotógrafa buscavam criteriosamente os melhores ângulos para o registro digital.

– Poxa, não acredito que estou voltando para este lugar tão especial – confessou Rodrigo, procurando segurar as lágrimas.

– Quer dizer que morou mesmo aí? – perguntou Renato.

– Lógico que morei. Lugar muito especial. Não chegou nessa parte da leitura?

– Atingi o ponto em que você se referia à mudança – explicou-se Renato. – Mas não sabia que era justamente aqui.

Rodrigo, então, sacou o celular do bolso da calça e procurou um de seus contatos. Logo, falava animadamente.

– A senhora não imagina onde eu estou... É... Sim... Aqui, no Rio... Não, nada de Barra... He he he... No mar... Na barca... Estou indo pra Paquetá, mãe, visitar a nossa casinha lá... 28 anos depois... Nossa... Sim... Poxa, eu tô assim vivendo uma sensação que não dá para descrever... E a senhora tá bem? Certo... Depois, eu conto tudo... Pode deixar que eu me cuido. Beijo grande. Tchau.

Em seguida, procurou, num esforço bilíngue, contar um pouco de sua história.

– Minha mãe e uma agregada, a Mara, ficavam até três da manhã na cozinha, assando bolos, preparando doces e salgados. Por volta de quatro da manhã, a gente saía de casa para pegar a primeira barca em direção ao Rio.

– *C'est une histoire merveilleuse. Dites–moi tout* – exigiu Claude, interessado na experiência.

– Eu tinha uma bicicleta Barra Forte, da marca Caloi, na qual eu colocava os recipientes do tipo *tupperware* com os produtos. Eram uns vinte minutos de pedalada até esse pequeno porto. Embarcávamos às cinco da manhã. Como o aroma era convidativo, muita gente perguntava: "o que tem de bom aí, garoto?" Eu fazia a boa apresentação dos nossos acepipes, como o bolo de aipim e o quibe, e já realizava algumas vendas ali mesmo. Uma boa parte, no entanto, ficava reservada para os clientes fixos do centro do Rio. Muita gente na sede do Banerj adorava o nosso menu. As cocadas, em especial, faziam muito sucesso. Passa um filme na cabeça da gente. Eu sinto o cheiro do doce, vejo a minha mãe sentada numa cadeira dessas. É um resgate muito legal da minha vida. Nessa época, ainda garoto, já iniciava a minha carreira de empreendedor! Mesmo sem conhecimento, sabia que tinha que atender bem para vender nossos quitutes.

Pouco depois, ao cabo de uma hora de viagem, chegaram à ilha, já com o sol bem deitado a oeste. Para o passeio, recorreram às famosas charretes. Foram em duas. O trajeto começou na rua que segue a Praia dos Tamoios.

– Claude, você não vai acreditar – anunciou Rodrigo –, mas quem fez o primeiro registro histórico da ilha foi um francês, André Thevet, cosmógrafo da expedição de Villegaignon. Isso ocorreu em 1555. Faz tempo.

Espantando, Claude revelou sua ignorância. Sabia que o Rio fora a sede da França Antártica, fundada naquela época. No entanto, não tinha informações sobre aquele recanto específico. Rodrigo explicou–lhe a importância de Thévet no trabalho de investigação geográfica que permitira a ocupação da Baía de Guanabara. O visitante corou e riu ao confessar sua tristeza com o insucesso dos compatriotas. Segundo ele, seria uma maravilha se tivessem permanecido ali e colonizado o Brasil.

O charreteiro Nivaldo exibiu-se, então, como competente guia turístico. Parou diante de uma árvore e repetiu o que decorara trinta anos antes.

– A nossa ilha é, na verdade, um bairro do Rio de Janeiro. Tem o formato de um oito, com 1,2 quilômetro quadrado de área e oito quilômetros de perímetro. Tem cerca de 4,5 mil moradores fixos, talvez um pouco menos. Estamos a 15 quilômetros da Praça XV. O rei Dom João VI gostava muito daqui e, em 1844, ganhamos fama por conta do romance *A Moreninha*, de Joaquim Manuel de Macedo. Muitos passaram a vir aqui também por devoção a São Roque.

Nivaldo fez a charrete líder seguir, mas parou cem metros adiante. Desceu, apontou para uma árvore e iniciou mais uma aula.

– Esta aqui é a Maria Gorda. Na verdade, é um baobá, espécime originária das savanas da África – disse, apontando para onde acreditava ser o continente de seus antepassados. – Dizem que foi em torno dela que se desenvolveu a nossa Paquetá. Este vegetal ganhou este apelido em homenagem a uma mucama simpática e risonha que aqui viveu. Seu nome era Maria Apolinária, mas os escravos a chamavam de Maria Gorda.

Minutos depois, estavam diante de uma casa rosada, que o charreteiro informou ter sido usada na produção de uma novela televisiva.

– Representava a casa da personagem de *A Moreninha*, livro de muito sucesso, publicado em 1844, que é considerado o iniciador do romantismo na literatura brasileira.

– Ah, mas ela existiu mesmo? – perguntou Sandra, com vivo interesse.

– Dizem que o autor, Joaquim Manuel de Macedo, esteve hospedado em uma pensão aqui, na rua Padre Juvenal. Algumas pessoas acham que ele pode ser o Augusto da história. E sua mulher pode ser representada pela personagem Carolina. Paquetá é o cenário das novelas que recontam a história. Mas tudo é somente suposição, minha jovem.

– Então, não se tem certeza de nada? – indagou a jovem, frustrada.

– Não, mas a lenda é tão bonita – respondeu o charreteiro. – Para que se preocupar com a realidade?

Rodrigo, então, quis apressar os guias, pois o sol já se punha e a tarde começava a ceder. Argumentou que, sem luz natural, Sandra não teria como obter boas fotos da ilha.

Seguiram rapidamente e pararam diante de um clube, no qual Rodrigo exercitara-se, muito tempo antes, nas artes do futebol. Tinha sido goleiro.

– Só para você se situar, Claude, antes eu morava na Tijuca – explicou Rodrigo. – Aí, um dia, chegamos em casa e tinha uma ordem judicial colada na porta. Não pudemos entrar. Não nos autorizaram nem mesmo a pegar nossas coisas. Fomos despejados. Entende?

— Sim, entendo — respondeu o francês, espantado com franqueza de seu interlocutor.

— Então, tivemos que vir morar aqui, porque era o que podíamos pagar. A princípio, eu dormia numa esteira de palha, que a minha mãe cobria com um lençol. Depois, evoluímos para o colchonete. Um dia, fomos capazes de comprar um fogãozinho e uma geladeira. E assim recomeçamos, praticamente do zero. Isso é um pouco a saga do povo brasileiro.

— Não se rende nunca, não é? — brincou Claude.

— É bem por aí — concordou Rodrigo, que quis desembarcar numa prainha deserta.

— Que lugar lindo — festejou Sandra. — Vai ali Rodrigo, perto daquele barco, que vou fazer uma foto.

— Aqui eu pegava um monte de siri — contou Rodrigo, enquanto posava. — Eu pegava com puçá. Uma vez eu peguei tantos que um deles pulou da panela e, sem que eu visse, mordeu meu traseiro. Doía demais...

— Essa é boa — gargalhou Renato, tomando nota da história.

— Eu pulava desesperado — lembrou Rodrigo. — E não dá para puxar. Tem que apertar para ele abrir a pinça. Aqui, havia uns grandões. Tinha um que a gente chamava de azulão. E tinha outro marrom, conhecido como brasileiro. Esse era enorme também, com umas garras bem compridas.

— Olha um aqui — mostrou Renato, desencavando um bicho da areia.

— Mas esse aí tá morto — notou Rodrigo. — Vivo, ele é bravo.

– E vocês pescavam também? – perguntou Claude.

– Direto – respondeu Rodrigo. – Às vezes, chegava o final da tarde e eu avisava para minha mãe que ia pegar uns peixes. Ela não impedia. Eu saía no barco com os pescadores e, normalmente, pegávamos alguma coisa. Eu chegava em casa lá pelas sete e meia da noite, quase sempre com uns pintados graúdos. Aí, aquilo virava um jantar nutritivo. Minha mãe cozinhava. Tudo muito simples. Um tempero com sal, limão, cebola, e estava bom demais.

Já caía a noite quando chegaram à rua Dois Irmãos. Não foi com dificuldade que localizaram a residência número 8.

– Caraca, essa era a minha casa! – extasiou-se Rodrigo.

– Essa casinha aí, um sobrado, que era dividido em quatro, para quatro famílias. O meu apartamento era o 102.

– Os cachorros da vizinhança notaram a presença de estranhos e iniciaram um concerto de latidos ritmados.

– Está vendo essa propriedade aí na frente, Renato – apontou Rodrigo. – Olha como são altas essas árvores. Frondosas. Não mudou muito. Aqui eu sabia o que era a solidão por conta do silêncio. De noite, quando caía uma manga dessas era um baita de um estrondo. Era um ruído que parecia abalar as estruturas da casa. Mas era pelo contraste com o silêncio.

– Isso é pura poesia – disse Sandra, acionando o *flash* para mostrar a fachada do número 8.

Nesse momento, apareceu no quintal um sujeito com cara de sono, vestindo apenas uma bermuda surrada.

— Desculpe aí a zorra — gritou Rodrigo. —Viemos lá do Rio. Eu morei aqui nesta casa, muito tempo atrás. Estou relembrando meus tempos, meus bons tempos.

Sem se comover demais, o novo inquilino não convidou o visitante para entrar, tampouco lhe deu trela.

— Oh, este não foi muito hospitaleiro como são os outros brasileiros — disse Claude, consternado. — Não custava nada mostrar o lugar para o Rodrigo.

— De repente, a casa está uma bagunça e ele ficou com vergonha — justificou Sandra.

Seguiram em frente, já no escuro. O trote dos cavalos reverberava nas ruinhas estreitas. Acendia-se um lume aqui e outro ali nas varandas desoladas.

Logo chegaram à Praça de São Roque, onde Rodrigo vendera os doces preparados pela mãe.

— A quermesse era em agosto, na festa do padroeiro da cidade. Eu vinha de bicicleta. Isso aqui ficava lotado de gente. A igreja sempre atraiu muito turista.

Naquele momento, Sandra fotografava uma escola, à esquerda do templo católico.

— Aqui é a escola municipal Pedro Bruno — lembrou Rodrigo. — Aqui eu estudei.

Em seguida, mostrou uma árvore enorme que costumava escalar.

— Eu despenquei lá de cima — relatou. — Um tombo e tanto. Foi a outra vez que feri a bunda aqui em Paquetá. Na pancada, a calça rasgou e me machuquei feio. Fiquei que nem aqueles macacos que têm a retaguarda inchada e vermelha.

O charreteiro mostrou, então, um poço no meio da praça. Renato quis saber do que se tratava.

– Esse é o poço dos milagres. Dizem que Dom João VI tomou essa água e se curou de uma doença que tinha. Se é milagroso, não sei por que taparam.

Percorreram a orla calados, apreciando o mar colorido das luzes amarelas de um posto de abastecimento de navios. Comeram uns petiscos e embarcaram de volta. Já acomodados, Rodrigo voltou a tratar de marketing e vendas.

– Então, Renato, isso aqui era uma escola. Se você enfrenta uma dificuldade, você aprende, constrói a sua história. O contexto ajuda nessa compreensão. O nosso era de necessidade. Então, eu não podia ser tímido. Para vender o doce nesta barca, eu tinha que saber abordar as pessoas. Primeiramente, eu precisava ter um bom produto, fresquinho, cheiroso e gostoso. Precisava localizar o cliente que estava a fim de matar a fome naquele momento. E tinha que convencê-lo de que aquele investimento valia a pena. Para o carinha da barca, aquele dinheirinho era muito. Então, era preciso justificar. O pastel tinha que ser saboroso, nutritivo e corresponder ao valor pago. E trabalhar com essas premissas era uma exigência. Se falhássemos, não teríamos como sobreviver. Virei um comunicador assim. Eu sei me virar, se for para falar com cinco pessoas ou com mil pessoas.

Minutos depois, com cuidado, Sandra se levantou e apontou a lente para dois dos passageiros. Claude olhava pela janela, abismado com as luzes do Rio de Janeiro. Balbuciava um elogio ininteligível. A seu lado, Rodrigo dormia, tranquilo, realizado, com um sorriso infantil desenhado nos lábios.

Capítulo 6

INCURSÃO PELA TERRA DA GAROA

Naquela manhã nublada, Graça acordou cedo, fez o café da manhã e preparou-se para dar a notícia ao filho.

– Vou para o hospital hoje à tarde, certo? Pode ser que eu tenha de voltar mais tarde.

– Tia Irene piorou? – perguntou Renato, constrangido. – Putz... Estou precisando fazer uma visita lá.

– Ah, moleque, lógico que melhorou. Já está em casa.

– Então, o que vai fazer no hospital? Ficou conta para pagar?

– Olha, não se assuste – disse Graça, franzindo o cenho. – Mas eu notei algo estranho em mim. Fui até a doutora Gláucia. Ela me pediu uns exames...

Naquele momento, Renato sentiu sua pressão cair. Tonteou. O naco de pão ficou travado na garganta. Quis chorar, mesmo sem saber do que se tratava.

– Como assim, mãe? Por que não me falou sobre isso?

– Não ia te assustar à toa, né? – respondeu Graça. – Depois, pode não ser nada. E, se for, hoje a medicina está muito evoluída. A gente já passou por várias. Vamos passar por mais esta, se for o caso.

– Não, não – desesperou-se Renato, levantando-se para abraçar a mãe, sentindo-se culpado por não protegê-la da maneira que merecia.

– Na verdade, parece mais durinho e fiquei na dúvida – disse Graça, tocando num dos seios. – E acho que tem também uma dorzinha.

Naquele momento, Renato pegou o celular e buscou o nome de Rodrigo na lista de contatos. Apertou um botão e iniciou uma conversa.

– É o Rodrigo?

Graça, no entanto, logrou tomar–lhe da mão o aparelho e finalizar a ligação.

– Ei, tá louca?

– Não vai desmarcar nada por minha causa – censuro-o.

– Mãe, eu não vou para São Paulo sabendo que você está doente.

– Eu não estou doente – protestou Graça. – Posso me virar perfeitamente. Isso é só uma suspeita. E você precisa se acertar na vida, menino. Vai viajar, sim. Passei três camisas, duas calças e aprontei uma bolsinha com pasta de dentes, escova, desodorante e aparelho de barbear.

– Não, nem pensar. Eu não vou. Na minha cabeça já está cancelado.

– Não me deixe pior, filho – insistiu Graça. – Não quero mudar nossa rotina. Quero que você faça a coisa certa. Vou me sentir muito mal se você não for.

Choraram abraçados por dois minutos. Depois disso, Renato foi fazer sua mala. Tinha os olhos anuviados e o nariz congesto. Dobrou as roupas primorosamente passadas e as colocou na mala de rodinhas. Graça lavou as xícaras e pires e arrumou-se para sair.

– Fica tranquilo. Liga para a mamãe quando chegar lá, viu... Olha tudo direitinho, anota, mostra interesse. Tem aqui o que deu para pegar no banco. São duzentos reais, para o caso de alguma necessidade.

Renato acompanhou em silêncio aquela despedida, que parecia ser a última. Do corredor que dividia o apartamento, viu a mãe acenando quando fechava a porta. No sorriso, detectou rugas profundas que julgava inexistentes. "Envelheceu por minha causa", pensou. "Não aproveitou muita coisa da vida para cuidar de mim". Recriminou-se, enfiando os dedos entre os cabelos eriçados, em desalinho.

★ ★ ★

Renato encontrou-se com Rodrigo às onze da manhã. Iriam a São Paulo, trabalhar no projeto de Claude. A meta era conhecer o universo do esporte em São Paulo. Para o francês, muitos europeus adorariam fazer um tour pela cidade onde surgiu o futebol no Brasil.

– Vamos pegar um táxi até a rodoviária – disse Rodrigo, que carregava apenas uma mochila.

– Ah, tá... – surpreendeu-se o estudante. – Vamos de ônibus?

– Pô, *brother*, já está cansado? – brincou o interlocutor. – Na sua idade, eu poderia ir a pé da Barra até a Praça da Sé.

– Não, não, nem pensar, não é isso – desculpou-se Renato, envergonhado. – É que uma pessoa na sua posição costuma fazer esse trajeto de outra forma. Pensei que íamos para o Santos Dumont.

– Podia ser, mas desta vez vamos sobre rodas. Dá para a gente conversar mais e ainda podemos trocar ideias com alguns passageiros.

O veículo pesado partiu exatamente ao meio–dia, com dois terços dos assentos ocupados. A dupla ocupou a última fileira. Nos primeiros cem quilômetros, Rodrigo dormiu profundamente e Renato, olhos perdidos na paisagem em movimento, remoeu a dúvida em relação à saúde da mãe.

De repente, no entanto, como se tivesse recebido alguma comunicação no universo dos sonhos, o empresário despertou e inquiriu o rapaz.

– Descarrega, irmão, o que está te incomodando?

– Nada, não – despistou Renato. – Estou muito bem, ótimo.

— Não está não — replicou Rodrigo. — Eu tenho um sexto sentido para essas coisas.

— Minha mãe vai fazer uns exames. Está com suspeita de uma doença grave.

— Que doença?

— Essa coisa nos seios... Essa coisa que aparece sempre nas campanhas. Você sabe.

— Hum... Poxa, que péssimo. Sei o que você está sentindo. Quando minha mãe tem alguma coisa, dói em mim também. Mas não há certeza ainda, não é? Não adianta sofrer por antecipação. E, na verdade, a maior parte das pessoas se cura totalmente disso. Lembra da Patrícia Pillar? Está aí, bonita, trabalhando, tudo normal...

— Sim, eu sei — disse Renato, amuado, ajeitando os óculos escuros.

Tentaram tratar de outros assuntos e discutir ideias para o projeto de Claude. Incluiriam também Belo Horizonte? Afinal, lá havia o Cruzeiro e o Galo. E o Rio Grande do Sul? Havia o que se ver na terra de Inter e Grêmio? Seria possível criar um roteiro que alinhasse o futebol a outras atrações? Com tantos alemães e italianos no sul, não seria conveniente mostrar a esses turistas um pouco do modo de vida de seus antepassados?

— Nessa região, há comunidades que cultivam hábitos e expressões populares já perdidos nesses países — lembrou Rodrigo. — É tipo uma cápsula do tempo. Eles iriam se interessar.

– Não tenho dúvida – concordou Renato. – Eu iria curtir. Tem gente lá que fala o alemão antigo... Legal essa ideia de misturar o futebol com a vida, com a cultura regional.

De repente, o ônibus teve a velocidade reduzida, desviou-se para a direita e foi meter-se num estacionamento coberto, diante de uma vitrine imensa e iluminada, onde se expunham salgadinhos, doces, lembranças de Nossa Senhora Aparecida, cuias para chimarrão, CDs, DVDs e pequenos cavalinhos de madeira para crianças.

Desceram, fizeram uso dos toaletes e, em seguida, foram devorar coxinhas e pastéis no balcão. Em dado momento, viram um rapaz negro, mirrado, tímido, investigando os produtos. Encabulado, perguntou o preço da fatia da torta de palmito; depois, do espetinho de frango. Mexeu no bolso e contou uns trocados. Desestimulado, suspirou e empreendeu retorno para o ônibus.

– Ei, ei, amigão – gritou Rodrigo, com a boca cheia.

– Eu? – assustou-se o rapaz.

– Você mesmo aí, da camisa vermelha.

– Boa tarde – disse o jovem, em voz baixa, aproximando-se. – Vocês me conhecem?

– Não, mas a gente gostaria de conhecer. Eu sou o Rodrigo, trabalho com marketing e este aqui é o meu auxiliar, Renato. Estamos sentados logo atrás de você, ali no busão.

O rapaz se apresentou: Martinho Oliveira, apelidado Tinho. Cumprimentaram-se e Rodrigo meteu os dentes num pedaço importante do pastel de palmito, lembrando-se daqueles que sua mãe preparava.

– Não é tão bom quanto aquele que Dona Berga produzia, mas dá para o gasto.

Renato impacientou-se. Afinal, por que estavam agora acompanhados daquele sujeito? Considerou que comer diante de um faminto constituía um acinte. Deixou a coxinha no prato e concentrou-se em sugar o refrigerante de laranja.

– Vai fazer o que em São Paulo, meu irmão?

– Eu vou tentar uma peneira. Eu jogo bola.

– Sério?! – admirou-se Rodrigo, que se deteve para pedir mais alguns salgados da estufa. – Está vendo, Renato? Este é o país do futebol. Os jogadores aparecem onde a gente menos espera.

– Vou fazer um teste na Portuguesa. Tenho um primo lá que me indicou. Quem sabe...

– Poxa, espero que você tenha toda a sorte do mundo. Você é de onde?

– Eu moro em Joana Batgol, complexo de Camará...

– Pô, até o nome ajuda aí – festejou Rodrigo, com humor. – Caramba, mas eu comi demais. Não aguento tudo isso aqui. Tinho, faz um favor, ajuda aí a gente. Tem torta, espeto, coxinha...

O rapaz titubeou, mas logo seus olhos brilharam. Sem cerimônia, pôs-se a devorar os salgados. Uma Coca-Cola lhe foi servida para acompanhar a refeição. Renato aliviou-se. Se o outro comia, agora recuperava o apetite. Assim, provou e aprovou a empada de camarão.

– E lá vai ficar onde? – perguntou Rodrigo.

– Um alojamento deles para a molecada que chega para fazer teste.

– Beleza! Mas me diz aí? O que é o futebol pra você?

– Olha, eu não sei... – espantou-se o rapaz, que não costumava ter conversas daquele tipo. – Quer dizer, sei. É mais diversão, mas se der para gente fazer uma grana com isso, ajudar a família... Eu tenho oito irmãos. Sou o terceiro mais velho.

– E você aprendeu onde?

– Na rua mesmo, no beco, em campinho assim empinado, ó, na beira de morro – explicou, erguendo a mão para mostrar o grau de inclinação.

– Aí é que a gente é obrigado a se virar – analisou o profissional de marketing. – Por isso o brasileiro é tão bom nessa arte. Por causa da dificuldade. Hoje até tem craque que vem de escolinha com gramado sintético, mas o nosso futebol pentacampeão foi feito com gente que veio da perifa brava, do morro, tendo que saltar buraco, driblar árvore e fazer tabela com cachorro.

Ainda comendo, Renato procurava anotar mentalmente aquelas palavras. Pensava se aquilo, de alguma forma, ajudava na concepção do projeto encomendado por Claude.

– A gente jogava num campinho assim, inclinado, ao lado de um bar, até que o dono português resolveu botar um galinheiro na frente do gol de taquara – contou Tinho. – Só deixava aberto um meio metro na parte de cima.

– E aí, pararam de brincar lá?

– Que nada, era meio tempo num lado, meio tempo no outro. Aí, eu me especializei em fazer gol de cobertura. Às vezes, sozinho, ficava chutando até de noitinha, cobrando falta, fazendo mira naquele vão.

– Caraca, aí, Renato, isso é cultura popular brasileira. A gente aprende na marra...

– Eu fazia o mesmo no apartamento, tentando acertar a bola na caixa de transporte do gato – contou o estudante, para não ficar fora do papo.

Naquele momento, o motorista se pôs a buzinar, e tiveram de correr para não perder o transporte. Já instalados em suas poltronas, Renato elogiou o modo como Rodrigo conduzira a conversa com o estranho.

– Foi uma aproximação humana, eu reconheço. Você não deixou o cara se sentir recebendo uma caridade. Precisa ter talento para agir assim na vida.

– Renato, lembra do que eu te falei na viagem de Paquetá? Na luta diária para sobreviver, para vender, eu aprendi a lidar com as pessoas, desde os bancários bem colocados até aqueles vigilantes que viviam com o dinheiro contadinho... Se você quer ajudar a recriar a nossa profissão, vai ter que desenvolver ainda mais essa sensibilidade.

Já era início de noite quando começaram a rodar pela Marginal do Tietê, em São Paulo. Era a primeira vez na vida que Renato visitava a cidade.

– Cara, eu também fiz essa cara de embasbacado quando cheguei, muitos anos atrás – comentou Rodrigo.

– Mas como é que veio parar em São Paulo?

– Quando morávamos em Paquetá, recebemos a notícia de que um dos meus irmãos, o Marcos, havia passado num concurso da Polícia Federal. Assim, minha mãe decidiu vir para cá.

– E como foi?

– Na hora em que chegamos, fiz uma cara parecida com a sua. Eu tinha 13 anos... Conforme o ônibus da Itapemirim avançava, eu ficava espantado com a quantidade de prédios altos, de luzes...

– E foi fácil se adaptar?

– Tinha uma vantagem, que era estar com minha mãe e com a Mara. Fomos para um apartamento pequeno em Santa Cecília, no Centro, na rua São Vicente de Paula, paralela à rua Albuquerque Lins. Mas foi duro, tenho que confessar. Eu estava acostumado a subir em árvore para pegar fruta, a comer peixe que eu mesmo pescava. Aqui era mesmo uma selva de pedra.

– Se fosse eu, não sei... – duvidou Renato. – Acho que não me acostumaria. Sei lá, parece meio feia. Não tem mar. Não tem quase verde.

– Mas São Paulo tem o seu charme especial – ponderou Rodrigo.

Ao lado, uma moça de olhos verdes desencapou seu violão e, acompanhada de uma colega com semblante guarani, começou a reproduzir o canto de Caetano Veloso que homenageava a estranha urbe.

Alguma coisa acontece no meu coração
Que só quando cruza a Ipiranga e a avenida São João
É que quando eu cheguei por aqui eu nada entendi
Da dura poesia concreta de tuas esquinas
Da deselegância discreta de tuas meninas.

Ainda não havia para mim Rita Lee
A tua mais completa tradução
Alguma coisa acontece no meu coração
Que só quando cruza a Ipiranga e a avenida São João

Quando eu te encarei frente a frente não vi o meu rosto
Chamei de mau gosto o que vi, de mau gosto, mau gosto
É que Narciso acha feio o que não é espelho
E à mente apavora o que ainda não é mesmo velho
Nada do que não era antes quando não somos Mutantes

E foste um difícil começo
Afasta o que não conheço
E quem vem de outro sonho feliz de cidade
Aprende depressa a chamar-te de realidade
Porque és o avesso do avesso do avesso do avesso

Do povo oprimido nas filas, nas vilas, favelas
Da força da grana que ergue e destrói coisas belas
Da feia fumaça que sobe, apagando as estrelas
Eu vejo surgir teus poetas de campos, espaços
Tuas oficinas de florestas, teus deuses da chuva

Pan-Américas de Áfricas utópicas, túmulo do samba
Mais possível novo quilombo de Zumbi
E os novos baianos passeiam na tua garoa
E novos baianos te podem curtir numa boa

A partir da segunda estrofe, o canto fora seguido por muitos dos passageiros, cariocas ou paulistas. Houve palmas no final.

– Olha ali o Corinthians – alertou Rodrigo, apontando para o outro lado do Rio Tietê. – Ali é a famosa Fazendinha.

– Mas e aí, como foi se estabelecer aqui? – perguntou Renato, interessado em conhecer detalhes da mudança.

– Já ouviu falar do Colégio Rio Branco? Não? Pois é um dos mais conceituados aqui da cidade, bem tradicional. Os rotarianos bancavam uma parte da mensalidade. O meu pai, companheiro e importante na minha educação responsabilizou-se pela outra parte. Ele sempre me inspirou para superar os desafios da vida com ética, disciplina e responsabilidade. Meu amigo e de muitos conselhos que me transformaram como ser humano... Grande pai e amado George!

– E como foi?

– Eu tinha que ralar. O pessoal do Rotary exigia média mínima sete para renovar a concessão da bolsa. Tinha que estudar direitinho. Mas fiz muitos amigos e o colégio teve uma grande importância na minha vida! Ganhei prêmios e vivi momentos de aprendizado com o pessoal da alta renda.

– Imagino que a sua mãe pôde, então, cuidar da casa – disse Renato.

– Que nada! Lógico que ela tinha seus afazeres domésticos, mas logo começou a trabalhar numa lavanderia. A vida ainda era bem difícil.

— Imagino...

De repente, Rodrigo se levantou e gritou para acordar Tinho, que cochilava algumas fileiras à frente.

— Ei, craque! Ei, craque do Camará! Olha ali o estádio da Portuguesa de Desportos. É lá que você vai fazer seu teste.

— Ali? Muito iluminado... — disse o rapaz, ainda zonzo.

— Não, rapaz, aquele ali é o Shopping Center Norte. É do outro lado. Olha lá...

Feita a apresentação, Tinho fez uma prece mental, procurando imaginar lindas jogadas durante a seleção de novos craques. Rodrigo voltou ao seu lugar, enquanto as amigas cantoras entoavam Trem das Onze, de Adoniran Barbosa.

— E você acabou se formando no Rio Branco? — perguntou Renato. — Não fizeram *bullying* contigo por ser carioca?

— Sempre tem um que tenta, não é? Mas eu tinha esse jogo de cintura. Eu sorria bastante, procurava ajudar os colegas. Fui adotado por amigos e professores. Vou te dizer, Renato: tenho muito amor e carinho pelo professor de química, o Henrique, uma pessoa maravilhosa que me levou para vivenciar momentos inesquecíveis com sua família. Tinha meu amigo Renato Politi, em cuja casa eu sempre almoçava e seus pais me recebiam com tanto amor. E não esqueço os meus amigos Omar, Fofão, Vita, Paquito, Murilo, Santiago, Maldonado, Renatona, Carlinha, Luciana, Japa, Coladinha e tantos outros.

— Precisa ter talento para isso. Acho que eu não tenho. Você ficou amigo da paulistada toda!

– Deu tudo certo. Eu tinha colegas da alta renda que iam estudar no nosso pequeno apartamento. E eles me ajudaram muito em conhecer o lado bom da vida. Como havia uma forte amizade, essas diferenças sociais não atrapalhavam em nada. Eu me formei em 1992. Tive uma base legal, o que me permitiu ingressar numa boa universidade, a FAAP. Duas pessoas fundamentais nesta época foram o Professor Henrique, que era diretor da faculdade de Administração, e o meu pai, que me deram total apoio para concluir o curso em 1996 e por lá tive grandes amigos também, como o Sarkis, a Bianca, a Dani e a Camilinha, o Beco, o Leandro e o Sergio Louco.

Logo depois, o ônibus entrou no Terminal Rodoviário. O povo desceu rápido. Sinal de que a velocidade paulistana já contaminara o grupo de passageiros. Na plataforma de desembarque, Rodrigo entregou um cartão de visitas a Tinho, que parecia mal agasalhado para o vento frio que varava a estação.

– Cara, se tiver algum problema em São Paulo, me liga! Boa sorte lá, parceiro.

– Eu é que agradeço o senhor, Seu Rodrigo. Uma boa noite para vocês.

No caminho de táxi até sua casa, no Itaim, Rodrigo quis atravessar o centro velho. Fez o motorista parar nas proximidades do Mercado Municipal e chamou o pupilo para fora do veículo.

– Está vendo aqui? O mercadão é obra do escritório do grande arquiteto Ramos de Azevedo, mas o projeto é do italiano Felisberto Ranzini. O que mais chama atenção do turista aqui é o sanduichão de mortadela. Você precisa provar. Ali na frente passa o Rio Tamanduateí. Antes, isso aqui era várzea, ou seja, área seca no inverno e inundada nos meses quentes. Como eram áreas impróprias para a ocupação, eram aproveitadas pelos primeiros times para jogar futebol.

– Na lama?

– Não propriamente. Havia épocas em que ficava bem seco.

– Hum...

– Então, mas eu parei aqui por um motivo. Foi aqui em 14 de abril de 1895 que começou o futebol brasileiro.

– Sério.

– Sério. O Charles Miller era brasileiro, filho de um escocês. Ainda jovem, o pai o fez estudar na Inglaterra, onde aprendeu a jogar futebol, rugby e críquete. Quando ele retornou ao Brasil, em 1894, tinha na bagagem duas bolas usadas, uma bomba para enchê-las, um par de chuteiras e um livro com as regras do futebol. No ano seguinte, ele organizou a primeira partida no Brasil, entre os funcionários da Gas Company e da São Paulo Railway. É um lugar interessante, portanto. Alguém poderia construir um marco por aqui. É uma história pela qual os turistas da Copa do Mundo certamente se interessariam, não acha?

– Vivi aqui na cidade a vida toda e não sabia dessa história – adiantou-se o taxista, surpreso. – Bacana mesmo! Isso é coisa que eu vou contar para os gringos durante a Copa do Mundo.

Seguiram até o destino. Havia uma suíte preparada para Renato. Antes de tomar seu banho, no entanto, conheceu a filhinha do chefe, a Nina, sempre risonha e curiosa, por quem imediatamente se encantou. Por cerca de uma hora, brincaram animadamente no tapete felpudo da sala.

– Esse seu novo funcionário parece uma criança – observou, rindo, Fabiana, a esposa de Rodrigo, impressionada com as pantomimas do estudante.

Mexendo numa família de bonecos de plástico, Renato lembrou-se da mãe. Sentiu o coração bater em descompasso e correu para efetuar a ligação.

– Mãe?

– Oi, filho, fez boa viagem?

– Fiz, sim. Estou na casa do dono da empresa.

– Ah, que bom. Comporte-se aí, hein... Não se lambuza na hora de comer. Não deixa bagunça no banheiro.

– Mãe, eu quero é saber da senhora? O que deu nos exames?

– Ainda nada, né, menino. Acha que sai o resultado assim no mesmo dia?

– Mas não disseram nada? Nadinha?

– Por enquanto, não. Mas logo vamos saber de tudo. Não adianta se preocupar. Presta atenção aí no teu trabalho. Faz bom papel diante do moço. Eu me viro aqui.

– Mãe...

– Oi...

– Você está precisando de alguma coisa?

– Não, filho, estou bem, não preciso de nada...

– Mãe...

– Olha que a ligação vai ficar cara. É interurbano.

– Eu te amo, mãe... Desculpa, tá?

– Desculpar do quê? Eu também te amo. Depois a gente fala mais.

– Um beijo...

– Um beijo, que Deus te abençoe.

Eram nove da noite quando chegaram as pizzas, uma de frango com catupiry e outra calabresa. Seria aquele o jantar. Renato parecia pouco à vontade, exceto quando respondia às alegres provocações de sua nova pequena amiga.

– Amanhã, provavelmente vamos passar em alguns clubes e visitar o Museu do Futebol, que fica no estádio do Pacaembu – avisou Rodrigo.

– Pô, muito bom, muito bom.Vou tomar nota de tudo.

– Está gostando de São Paulo? – perguntou Fabiana, com simpatia.

– Ah, eu não vi muito ainda, mas parece interessante.

– Amanhã, eu vou dar um giro com ele – explicou Rodrigo. – Aí, sim, ele vai ter uma visão melhor da cidade. Hoje, estava escuro. Não deu para ver direito a paisagem.

– Poxa, adorei a vista dessa janela aqui – elogiou Renato, apontando o *skyline* iluminado. – Parece, sei lá, Nova York.

Naquele momento, Rodrigo e a esposa se entreolharam com ternura, como se conversassem sem emitir palavras. Trocaram sorrisos e carícias. Diante da cena romântica, Renato embaraçou-se.

– É que tem história essa janela – adiantou Rodrigo na explicação.

– História? Como assim?

– Nem sempre as coisas deram certo para mim. Lidando nesta nossa área, eu também colhi fracassos. Inevitável.

– Sim, mas e a janela?

– Certa vez, diante dela, eu chorei muito, pois achava que estivesse acabado. Os negócios não tinham evoluído da maneira como eu queria. Até mesmo nosso casamento acabou abalado por conta disso.

– Eu pensei que, depois da faculdade, as coisas tivessem se acertado de uma vez...

– Não, de 2004 a 2008, a minha operação teve muitos problemas. Eu não conseguia apresentar muitos produtos que interessassem às empresas. Tinha aquela coisa de o sujeito da grande empresa te dar somente dez minutos de atenção.

– Poxa, assim, você está me assustando.

– Um dia, eu cheguei em casa triste. Olhei para a janela e vi minha imagem refletida no vidro, à frente da linha de prédios. Cheguei à conclusão de que não tinha nascido para ser empreendedor. Eu havia perdido dinheiro e tempo. Pensei em voltar para o mercado, cogitei de me tornar empregado novamente.

– E por que mudou de ideia?

– Por causa desta estrelinha aqui – disse Rodrigo, olhando com candura para a esposa. – Fabiana me sustentou nessa hora difícil. Ela me estendeu a mão, me deu a palavra de incentivo, me concedeu o apoio psicológico. Hoje, ela é minha sócia. Cada um cuida de uma área da empresa...

– Mas como superou aquela crise?

– Eu liguei para grandes amigos e humildemente pedi um diagnóstico sobre a minha situação profissional. Queria saber, com franqueza, o que eles viam na minha atividade. Um desses caras eu encontrei no Café Suplicy. Em cinco minutos, eu acho que ele matou a charada. Ele me presenteou com a seguinte orientação: "vai para a casa, abre a janela e defina algo de que você realmente gosta". Saí chorando e arrasado.

– E você seguiu o conselho?

– Sim, segui. Dessa vez, afastei o vidro, respirei o ar frio, olhei para o horizonte. E disparei a pergunta: "do que você realmente gosta, Rodrigo?"

– E qual foi a resposta?

– Foi "futebol".

– Então, tudo se resolveu?

– Não, logo depois de uma boa descoberta, vem a parte mais dura do desafio. Eu me dei conta de que não conhecia ninguém na área, nem mesmo um gandula. Como trabalhar nesse meio?

– E desistiu?

– É lógico que não, eu mantive a empresa porque agora tinha um norte, um foco, um objetivo. Depois de vinte dias, ganhei um cliente. Raciocinei que o meu produto não devia ser visto como custo, mas como investimento em solução. Eu podia gerar experiências que, no fim do processo, iam aumentar as vendas e ampliar os lucros.

– E o futebol permite isso?

– Sim, o futebol é uma paixão nacional, ele oferece uma linguagem que todos nós dominamos. Então, comecei a criar projetos de vivência corporativa constituídos sobre uma plataforma esportiva.

– Como assim?

– Numa empresa específica, por exemplo, os melhores vendedores eram convidados a participar de jogos com seus ídolos do futebol profissional. Não lembro se já te falei especificamente sobre isso. Além do estímulo gerado pela disputa, eles aprendiam por meio da socialização dos conhecimentos. Um time vencedor, tipo a "família Felipão", de 2002, destaca-se por essa sintonia fina entre a comissão técnica e os atletas. Cada um precisa saber como se encaixar na máquina. Cada um tem suas funções. E isso não é diferente no mundo das organizações. Portanto, esse é sempre um ambiente educativo.

– Mas...

– Mas, vamos dormir? Amanhã temos agenda cheia. Vamos sair às oito da manhã.

– Tá certo... – assentiu Renato, frustrado, pois estava se deliciando com as histórias do universo do empreendedorismo.

– Mas tem algo aqui que você pode estudar até pegar no sono – disse Rodrigo, entregando-lhe um conjunto de folhas de papel com um texto impresso.

– Opa, o que é isso?

– Uma carta que fiz para os meus colaboradores da Elos. Um recado para aqueles que trabalham comigo.

–Vou ver isso agora mesmo – animou-se Renato, despedindo-se e recolhendo-se ao seu aposento.

Sob a luz de um abajur, leu o seguinte:

A alma do nosso negócio

Nossa empresa completa seu quinto ano de vida ativa no período pós-depressão. Portanto, acredito que preciso me pronunciar. De antemão, peço desculpas se ocupar demais o seu tempo.

Primeiramente, digo que o trabalho jamais deveria ser associado à tortura, à angústia e ao sofrimento. O "fazer", pra mim, é um meio de obter satisfação e prazer. No fundo, queremos todos realizar algo de relevante. Quando isso ocorre, nos sentimos competentes, úteis e necessários.

Gostar do "fazer", portanto, é o início de tudo. Sem amor, não há solução.

No nosso caso, o sucesso somente é alcançado quando ouvimos as pessoas que fazem o mercado, compreendemos suas necessidades e oferecemos suporte criativo para seus negócios.

É um labor que exige paciência. Temos vários projetos em curso. Alguns serão logo colocados em prática. Outros são como plantinhas, ainda muito frágeis. Elas vão demandar cuidado e carinho. Serão regadas todos os dias se quisermos que nos ofereçam seus bons frutos.

Mas, insisto, essa dedicação precisa gerar satisfação. Há muitos lugares para se trabalhar por aí. Comigo, quero aqueles que se sintam felizes em participar desta aventura empreendedora.

Outro dia, vocês se reuniram e, gentilmente, compraram dois presentes para minha filha. Maravilha! Não posso expressar em palavras o quanto aquilo me comoveu. Como tudo ocorreu espontaneamente, é porque vocês experimentaram, aqui na empresa, aquele amor carinhoso que une as melhores famílias. O episódio foi educativo e mostrou virtudes em nosso modelo de gestão.

Nesses anos todos de trabalho, percebi que três coisas fazem a diferença numa organização: ética, atenção/carinho e resultado.

A ética garante o jogo limpo, a justiça nas relações, dentro e fora da companhia. É o principal pilar da vida civilizada.

A atenção/carinho garante a empatia. Assim, podemos nos projetar nos outros e saber de suas necessidades e aspirações. O bom marketing é sempre atento, antenado e saudavelmente curioso..

O carinho é a contribuição generosa da alma àquilo que alguns consideram mera troca comercial. É o principal diferencial.

E o resultado precisa pagar as contas!

Muita gente acredita que o lugar de trabalho deve limitar a emoção. Talvez isso sirva para outros povos; não para nós. Para muitos brasileiros, o gesto de ternura é fundamental, até mesmo no ambiente profissional. Faz parte da nossa cultura, do nosso jeito de ver o mundo. Se ouvimos a frase carinhosa, convencemo-nos de que o nosso esforço foi reconhecido.

No marketing de hoje, muitas apostas fracassam porque não levam em conta essas características da nossa gente. Os bambas pensam somente em números, em custos, em audiência, em métri-

cas, em resultados de venda no curto prazo. Sim, toda a técnica do ofício é importante. Mas nem sempre garante consistência a um produto ou marca. Isso somente ocorre quando se constrói uma ligação de confiança entre quem vende e quem compra.

Neste nosso segmento, muitas pessoas se excedem na arrogância. Acreditam saber de tudo porque têm controle sobre o fluxo de produção e sabem lidar com os aferidores de resultados. Porém, essa importante expertise não basta.

Gosto de lembrar do Ricardinho do vôlei. Um dia, ele sentenciou: "eu errei". Quem dera alguns profissionais de nossa área pudessem ter atitude semelhante, admitindo seus equívocos e deslizes, muitos deles cometidos porque acreditaram demais nos números. Quando existe humildade, o erro se constitui em excelente professor.

Tratando das nossas obrigações, lembraria ainda que, muitas vezes, somos compelidos a ostentar símbolos de poder e riqueza. São as regras do sistema vigente, que valoriza demais as aparências.

O carro, a caneta, o relógio, tudo isso é analisado pelos interlocutores. É o que ele vê antes de determinar se você está ou não habilitado para realizar a missão proposta. Se esse é o paradigma, precisamos nos apresentar de maneira respeitosa e elegante.

No entanto, não é a minha caneta Montblanc que vai garantir a redação de um bom texto de campanha. Não é isso que vai fidelizar o cliente e conquistar o público consumidor. Se buscamos resultados consistentes, conta mais o empenho, a transpiração que transforma em realidade qualquer inspiração.

Nestes tempos de pessoas multiconectadas e bem informadas, precisamos gerar a solução, sem embromação. Precisamos ser trans-

parentes, dedicados, criativos, eficientes e eficazes. Sem essas qualidades, não geramos a confiança, o ativo mais importante das corporações da nova economia.

Nas conversas com vocês, tenho recebido uma série de perguntas. Fiz uma compilação delas e criei um elenco de pensamentos que podem ser úteis ao aperfeiçoamento do nosso time.

1) *Conhecemos todas as teorias, mas aqui praticamos uma gestão à brasileira, que contempla a emoção e a intuição.*

2) *Todo membro da equipe, não importa o cargo que ocupe, da copeira ao mais graduado diretor, tem uma colaboração a oferecer. As vivências são sempre bem–vindas.*

3) *Não me seduzo por "concordantes". Mais valem os colaboradores que exponham de forma franca seus pontos de vista. Prefiro trabalhar com pessoas que saibam o que eu não sei. Da discordância civilizada pode sempre surgir a inovação e o aperfeiçoamento. Viva a diversidade!*

4) *Muitas vezes, "como falar" importa mais que "o que falar". Nas comunicações internas e externas, é preciso levar esta máxima em consideração.*

5) *Reciprocidade é algo espetacular. Pratiquem–na. Gentileza gera gentileza. Num dia desses, eu estava com sede e nem sabia. Alguém me trouxe um copo d'água. Aquele gesto singelo me fez um vencedor naquela dura jornada de trabalho.*

6) *No mundo do marketing, o ego costuma embotar a percepção. Procure sempre se colocar no lugar do outro. Ouça, reflita e, somente depois, reaja. Seja paciente. Pratique a empatia. Não enrole. Seja simples e claro. É isso que mais impressiona e agrada. Essa recomendação vale para você que*

O DESTINO DO PASSAGEIRO | 87

atende o telefone, para você que monta nossas apresentações no meio eletrônico e para você que desenvolve estratégias de ativação para os clientes.

7) *A organização é excelente para garantir o fluxo de produção. Em excesso, no entanto, pode inibir a criatividade. Tenha bom senso para se "desorganizar" um pouco e abrir espaço à novidade.*

8) *Não me agrada definir métodos operativos. Prefiro definir metas e esperar que cada um descubra um caminho para atingi-las. O mundo é muito complexo para que estipulemos sistemas fechados de trabalho.*

9) *Sim, se realizamos a operação com harmonia, de maneira eficiente, colhemos resultados. Com eles, todos ficamos mais felizes e ainda ganhamos a recompensa financeira necessária à sobrevivência. Sem resultados, baixamos as portas e o futuro passa a ser uma incógnita.*

10) *Conte suas histórias. É uma boa maneira de compartilhar conhecimento. Muitos grandes projetos na nossa área nasceram de narrativas descompromissadas no happy hour de equipes sincronizadas e solidárias.*

11) *O cliente que nos rende dez mil reais merece o mesmo respeito e atenção do que aquele que pode nos render dez milhões de reais.*

12) *Se "fazemos acontecer", não geramos apenas benefício para a companhia e para nós mesmos. Se somos eficientes e eficazes, geramos valor social. Ajudamos a construir um mundo melhor. Transformamos emoções em resultados!*

Vamos em frente, que atrás vem gente.

Renato passou meia hora revirando-se na cama, sentindo na pele a textura do lençol de algodão, provando na fronha o perfume do sabão em pó. Pensou na mãe, no trabalho, na faculdade, na luta cidadã. Lembrou-se de que ali, naquela cidade agora silenciosa, tinham ocorrido as passeatas do Movimento Passe Livre, detonadoras da onda de protestos pelo Brasil. De repente, desabou no sono. Sonhou que tinha a maior agência de marketing esportivo do mundo, sediada num alto castelo, no meio da Ilha de Paquetá. Numa evolução do delírio, beijava Roberta diante do altar, posando sorridente para a fotógrafa Sandra. Em seguida, mergulhou na inconsciência. Às sete da manhã, acordou com o "toc toc" na porta.

— Acorda, moleque. Vem tomar o café da manhã!

Renato imaginou que fosse conhecer o Morumbi e as obras do novo estádio do Palmeiras, clube para o qual Rodrigo havia prestado serviços de marketing. No entanto, não... Pegaram trânsito pesado na Radial Leste. Enfim, quase às dez da manhã, chegaram ao Tatuapé e desembarcaram diante de um sobradinho estreito, em cuja fachada lia-se "DK10".

— Pô, Rodrigo, a gente não ia ver os estádios? — deixou escapar Renato, que despertava de um cochilo no banco do passageiro.

— Ai, ai, ai...

— Putz, nessa eu mandei muito mal. Me desculpe, aí. Mil desculpas por reclamar. Eu estava meio que sonhando. Falei sem pensar.

— Nem esquenta — contemporizou Rodrigo, rindo. — Mas não acostuma.

Minutos depois encontravam-se ambos acomodados em fofas poltronas giratórias de veludo marrom, num ambiente perfumado e requintado, em que se destacava um majestoso lustre de cristal, cujas gotas vítreas e luminescentes pendiam do teto alto. Logo uma senhora bem vestida e simpática colocou sobre a mesinha marmorizada de centro uma bandeja com café e biscoitos amanteigados. Sussurrando, Renato fez o elogio.

– Puxa, de fora, nem dá para desconfiar que aqui dentro é assim...

– Este é o novo Brasil, amigo. É o novo Brasil dos bairros, dos subúrbios.

Foram interrompidos por uma secretária, que se desculpou pelo atraso da dona da empresa. Estaria ali em, no máximo, dez minutos.

– Mas o que tem isto aqui a ver com futebol ou com marketing? – inquietou-se Renato.

– Eu vou te explicar enquanto a Daniela Falconetti não chega. Esse "D" no nome da empresa é referência ao nome dela. O "K" é da sócia, Karla Migliari.

– Italianada, né?

– Sim, são muitos aqui em São Paulo. Então, o bisavô da Dani veio da Calábria e se instalou no Bom Retiro, um bairro tradicional de imigrantes no centro da cidade. Ele era um *capomastri*, mistura de pedreiro, artesão e arquiteto. Era também um pintor qualificado. Produzia muita coisa bacana na São Paulo antiga.

– Nem sabia...

90 | CAPÍTULO 6

– Desde pequena, a Dani ouvia as histórias sobre o velho Antonio. Assim, resolveu estudar arquitetura. Quando se formou, chamou a colega para montarem um escritório. A empresa caminhou devagar nos primeiros anos. A partir de 2005, no entanto, as meninas começaram a sentir os efeitos da recuperação da economia. Esforçadas, inovadoras, ganharam muitos clientes.

– Devem ser atraentes as duas...

– Renatão, deixa de graça. Então... Elas perceberam uma evolução nas demandas e logo diversificaram a atividade.

– As pessoas estavam a fim de melhorar seus espaços...

– Sim, porque o mercado se aqueceu – disse Rodrigo. – Mas a Dani e a Karla perceberam também que o mercado carecia de mão de obra especializada. Assim, além de produzirem os projetos de arquitetura, começaram a formar e capacitar equipes para construção e reforma de imóveis residenciais e comerciais. A empresa cresceu rapidamente e ganhou colaboradores de diversas áreas, de engenheiros a eletricistas, de gesseiros a encanadores.

– Tá, mas e o futebol nisso?

– Calma que eu vou chegar lá. Como a DK10 cresceu rápido demais, era preciso um esforço de gestão para harmonizar as equipes multidisciplinares. As pessoas precisavam se conhecer para atuarem como um time afinado.

– Ah, estou começando a entender...

– Aí, eu montei um plano. Apresentei a minha palestra "Como transformar o futebol em resultado corporativo?".

– Compreendi... E deu certo?

— Deu, sim. Elas melhoraram a comunicação com o pessoal e foram capazes de eliminar alguns problemas na operação.

— E jogaram bola?

— Sim, promovemos um campeonato interno, um quadrangular com times formados por colaboradores e clientes. Atuaram num estádio de verdade, gramado verdinho, ao lado de antigos craques dos quatro maiores clubes paulistas. Tudo terminou num churrascão de confraternização, com a presença das famílias.

— Maneiro...

— O resultado foi que o pessoal da hidráulica, da elétrica e da decoração passaram a conversar mais, a atuar de forma inteligente e cooperativa. Antes, chegavam a quebrar três vezes a mesma parede, cada um com sua tarefa. Depois disso, passaram a planejar as intervenções, poupando tempo e material. Quando isso ocorre, os lucros da empresa aumentam e, consequentemente, os ganhos de cada profissional.

— O futebol é magia... Grande sacada!

Naquele momento, ouviram um batucar na escada. Eram os saltos altos do sapato envernizado de Daniela, que chegava para a reunião. Confirmaram-se as previsões de Renato. Era uma mulher jovem, estilosa, de cabelos naturalmente ruivos e sorriso aberto. Rodrigo tratou com ela de uma nova atividade, destinada à equipe que trabalharia na montagem de lojas em um shopping no interior do Estado.

— Bom, se for como da outra vez, vou ficar muito satisfeita — disse Daniela. — Logo no trimestre seguinte à Copa DK10, nosso lucro teve elevação de 17%.

– Maravilha, minha querida amiga – entusiasmou-se Rodrigo. –Você não tinha me passado esse número ainda. Mostra que oferecemos uma solução.

– Mas desta vez, precisamos de um torneio de vôlei para as meninas. Temos quase trinta mulheres trabalhando aqui. Elas se sentiram abandonadas.

– Pode deixar... Essa é a nova realidade do país. Muitas profissionais capacitadas nas mais diversas áreas.

Naquele momento, Renato alegrou-se. Seria o emprego dos sonhos. Trabalhar num projeto para criar sincronias entre trinta moças paulistas. Era melhor que ganhar na loteria. Botou na boca, de uma vez, dois biscoitos recheados de goiabada, que deliberou mastigar lentamente.

Do Tatuapé, foram ao Pacaembu e visitaram o Museu do Futebol. Renato encantou-se com a área que exibia vídeos das Copas do Mundo vencidas pelo Brasil. Ali, tudo parecia perfeitamente contextualizado. O esporte da bola era associado a eventos políticos, econômicos e culturais. Assim, soube quais músicas, por exemplo, faziam sucesso na época de cada uma das conquistas do selecionado canarinho. Também ficou fascinado pela área debaixo das arquibancadas, na qual se reproduziam sons e imagens das principais torcidas do país.

No dia seguinte, visitaram os museus particulares dos clubes. No Morumbi, espantou-se com a quantidade de troféus do São Paulo e ainda ouviu de um funcionário sobre o "Batismo Tricolor", um evento destinado a celebrar a adesão dos jovens ao clube. "O marketing no esporte é algo fascinante", pensou, sem revelar sua opinião a Rodrigo.

No Memorial do Corinthians, analisou com interesse os painéis fotográficos com craques de diversas modalidades, do futebol à natação, do remo ao basquete. Considerou interessante ver gente de todas as etnias. Entre os campeões, misturavam-se pessoas com sobrenomes portugueses, italianos, espanhóis, libaneses e japoneses. "O esporte une as pessoas e derruba fronteiras", deduziu, mesmo considerando sua frase mental um clichê.

★ ★ ★

Capítulo 7

A ESCOLA DAS VOCAÇÕES

Naquela quarta-feira nublada, emocionado, Renato despediu-se de Nina, a filha de Rodrigo, com a qual brincara alegremente naqueles dois dias. "Caramba, é a irmãzinha que eu sempre quis ter", pensou. Em seguida, rumaram para o aeroporto de Congonhas. Seria a primeira viagem aérea do estudante, que se atrapalhou na hora de passar pelo detector de metais. Depois de duas tentativas, foi obrigado a retirar o cinto e os sapatos. Finalmente aprovado na revista, saiu praguejando contra George W. Bush e Osama Bin Laden. "Esses dois malucos deixaram o mundo numa neura insuportável", protestou mentalmente.

No avião, Rodrigo seguiu tratando das ações possíveis para proporcionar experiências singulares aos turistas que viessem ao Brasil assistir à Copa do Mundo. Repetiu que a ideia era mostrar para esses aficcionados a alma do país do futebol. Havia ainda o que chamou de "projeto executivo", no qual o francês Claude também tinha interesse. A proposta era criar situações lúdicas de interação entre empresários brasileiros e investidores interessados em estabelecer parcerias no Brasil. O esporte seria uma linguagem de mediação, capaz de costurar os entendimentos.

Segundo Rodrigo, seria necessário constituir uma equipe para visitar lugares e conversar com pessoas. O projeto necessitava de um mapa inteligente do território a ser percorrido pelos visitantes. Como faltava menos de um ano para o início do torneio, tinham de correr. Tudo era urgente. Tudo para ontem. Assim, pediu que Renato indicasse mais dois amigos capazes de compor a equipe de montagem do itinerário. Acreditava que uma visão jovem seria fundamental para o sucesso da iniciativa.

Logo, Renato sugeriu a inclusão de Sandra ao grupo. Justificou-se, afirmando que a colega era dotada de uma percepção visual acurada e saberia identificar os cenários mais apropriados à experiência. Sublinhou ainda que ela poderia criar um bom acervo fotográfico das atrações, o que facilitaria o trabalho das equipes de planejamento. Rodrigo aceitou de pronto a indicação, afirmando que já tinha cogitado esse convite após a viagem a Paquetá.

Para Renato, havia outro colega que poderia colaborar decisivamente com o projeto. Era André, aquele mesmo caxias que abandonara na manhã da visita a Quintino. Seria uma forma de compensar a falta de modos e a embromação. De resto, o amigo sempre tivera elevada capacidade analítica e acumulara conhecimentos sobre os mais diversos temas. Disciplinado e organizado, ajudaria a coordenar o resto do grupo. Rodrigo respondeu que gostaria de conhecer o candidato.

– Ligo para ele assim que botarmos os pés no Rio – adiantou-se Renato, que cumpriu a promessa meia hora depois, enquanto observava o movimento da esteira rolante, à espera de sua bagagem.

– E aí, falou com o seu amigo? É tudo emergência, meu irmão.

– Falei, Rodrigo. Ele vai estar em casa às duas e meia da tarde. Fica em Botafogo.

– Bom, então comemos por aqui mesmo e passamos por lá. Eu vou mesmo para a Barra. É caminho.

Lancharam num *fast-food* e aprofundaram o debate sobre os projetos. Teriam de ser rápidos e certeiros. Já não havia tempo para muita meditação. Era fazer já ou perder a oportunidade. Continuaram a conversa no táxi, somente interrompida quando estacionaram diante do prédio de André.

Logo ao se aproximarem da portaria, no entanto, notaram um rebuliço. Uma mulher agitava os braços e, com semblante aflito, falava sobre chaveiros, polícia e ambulância. O porteiro, assustado e atrapalhado, procurava localizar o síndico. Primeiramente, tentou o intercomunicador. Depois, recorreu ao telefone. Não obteve sucesso.

Em seguida, abriu-se a porta do elevador e um rapaz pareceu reproduzir a angústia da vizinha. Depois de alguns minutos, Renato resolveu gerir seu próprio interesse.

– Desculpa, amigão, eu sei que você deve estar preocupado com alguma coisa, mas eu preciso falar com um amigo meu.

– Qual o apartamento?

– O 82. É André o nome dele.

– Meu Deus... Mas é esse mesmo – exaltou-se novamente o porteiro. – Essa zorra toda é justamente por causa do 82.

– Mas o que aconteceu – preocupou-se Renato.

– Esses dois que saíram daqui são os vizinhos, do 81 e do 83. Disseram que ouviram ruídos lá, coisa caindo, gritos, gemidos.

– Porra, cara – exasperou-se Renato –, e você ainda está aí nessa folga?

– Não, é que o síndico...

– Síndico o cacete – gritou o estudante. – Tem que abrir agora o apartamento. O cara pode estar doente, pode ter tido um ataque. Tem alguém lá com ele?

– Eu não sei. Meu turno começou às duas da tarde.

– Que merda está rolando aí, Renato? – irritou-se Rodrigo, levantando-se. – Não está querendo deixar a gente subir?

– Não é isso. Parece que tem algo de errado com o André. Ele não atende o interfone. Sei lá, acho que está doente, precisando de socorro.

– Então vamos nessa, meu irmão – deliberou Rodrigo.

—Vamos para lá, agora.

Assim, subiram até o oitavo andar. Renato bateu na porta do 82 e chamou pelo amigo. Não ouviu resposta. De repente, a vizinha do 83 saiu ao corredor e explicou novamente o motivo de sua preocupação.

– Ouviu alguma coisa grande cair, um estrondo, depois gemidos...

– Nessa hora, não tem o que esperar – determinou Rodrigo. –Vamos entrar, e é agora.

Renato assustou-se quando seu novo chefe tomou distância e se lançou contra a porta. Fora três golpes poderosos com os pés, na altura da fechadura, até que o caminho se abriu.

Correram até o quarto do rapaz e o encontraram imóvel no chão, com um corte na testa, ao lado de um televisor antigo, com a tela esmigalhada. A princípio, parecia que não respirava. A boca parecia verter uma espuma esbranquiçada. Renato determinou à vizinha que acionasse imediatamente o SAMU. Desnorteado, começou a andar em torno do amigo, sem coragem de tocá-lo.

Rodrigo agachou-se e, num exame rápido, não sentiu a pulsação do rapaz. Imediatamente, iniciou uma massagem cardíaca de emergência. Esforçou-se, mas não obteve resultado. Enfim, limpou o suor da testa e sentou-se ofegante na beirada da cama. Renato, então, resolveu tentar o mesmo procedimento. Empenhou-se: berrou, rezou, fez promessas e, enfim, sentiu o amigo retornar à vida.

– Caraca, ressuscitou! – gritou o estudante, chorando.

Os quinze minutos seguintes pareceram uma eternidade, mas findaram com a chegada dos paramédicos do serviço público de urgência. Pouco tempo depois, André seguiu para um hospital nas proximidades.

★ ★ ★

Naquela tarde, ao chegar em casa, Renato não teve tempo de sofrer por conta do estado de saúde da mãe. Tomou um banho, devorou biscoitos com refrigerante de laranja e acabou dormindo pesadamente no sofá da sala. Acordou quando ouviu o familiar ruído do molho de chaves de Graça. Esfregou os olhos, mas nada viu no breu da noite. Reagiu quando as retinas sofreram um golpe fulminante de luz.

– Ô, menino, que estava fazendo aí nessa escuridão?

– Mãe, a senhora está bem?

–Vem cá me dar um abraço antes – disse ela, esperando meio minuto até que fosse correspondida.

– Oi...

– Está cansado? Comeu direito?

– Deu merda, mãe – lamentou-se o estudante.

– Não fala essa palavra, filho. Não necessita. Bom... Emprego tem de monte hoje em dia. Se não deu neste, vai dar em outro. Nós vamos juntos, em frente...

– Nãoénadadisso – interrompeu–a Renato, engavetando as palavras. – Nesse esquema rolou legal. O André, o André, ele quase morreu... Nunca vou esquecer do que rolou hoje...

O estudante contou em detalhes o ocorrido enquanto a mãe preparava o jantar. Depois de devorar o prato de feijão com arroz, ovo frito e couve refogada, tomou um banho e correu para o hospital. Encontrou o amigo uma hora depois, numa cama de enfermaria, sem acompanhante.

– Você morre e quase me leva junto, seu vacilão – reclamou.

– Desculpe, Renato, eu pensei que estivesse tudo sob controle. Sempre achei que tudo estivesse sob controle.

– Mas foi o que eu estou pensando?

– Sei lá, eu queria ter mais energia ainda. Começou meio sem querer, numa balada. De repente, percebi que aquilo me turbinava. Eu estava sempre elétrico. Comecei a comprar o bagulho.

– Você? Tão certinho? Tô passado, cara... Te juro mesmo...

– Quando a gente vê, já ultrapassou o limite. Cheguei até a subir o morro para buscar...

– Mas você não precisava...

– Tremenda pressão, brô. Minha família exige muito de mim. Sou o *superman* pra eles. E eu me cobro. Acabei fazendo mil coisas ao mesmo tempo. De repente, a química ajuda, te dá um gás...

– Será que é isso mesmo? Será que faz esse efeito mesmo? É o que eu falo do mundo de hoje... Tem muita coisa que a gente consome sem saber exatamente pra que serve...

– Por favor, não conta para ninguém lá em casa nem para a galera da faculdade. Fica entre nós.

– Tá, mas desde que você procure ajuda para mudar... Promete, cara?

– Vou tentar. Putz, vou tentar...

Naquele momento, Rodrigo apareceu para visitar o paciente.

– Você aqui? – espantou-se Renato.

– Precisava me certificar de que você tinha feito um bom trabalho. Queria ver se ele tinha mesmo voltado para o lado de cá.

– Obrigado pelo que fez por mim – disse André, com a voz rouca.

– Nada disso. Eu é que fico grato pela oportunidade de meter o pé numa porta. Tinha visto isso nos filmes e sempre tive vontade de bancar o astro de Hollywood. Se pensa em agradecer, fique sabendo que você deve sua vida ao Renato.

– Sim, eu sei... A vocês dois, na verdade.

– Bom, mas eu não vim aqui em missão de caridade aos enfermos – brincou Rodrigo. – Preciso de gente para trabalhar num belo projeto de marketing. Preciso de jovens capazes de encarar esse desafio. Você está dentro ou não está?

– Ah, estou, estou sim – respondeu André, sem convicção, ignorando a natureza da proposta.

★ ★ ★

Os meses seguintes foram de muito esforço e aprendizado, com várias viagens pelo país. André agregou-se ao grupo um pouco mais tarde, depois que se certificou do avanço na terapia antidependência.

Em março do ano seguinte, impressionado com a experiência dos estagiários, o professor Mauro convidou Rodrigo a proferir uma palestra a seus alunos. Para duzentos jovens, o profissional ofereceu o aconselhamento abaixo reproduzido.

Boa noite, jovens estudantes.

É uma honra estar presente aqui para falar um pouco sobre o meu trabalho, sobre a nossa área de atividade e sobre empreendedorismo. Antes de tudo, gostaria de agradecer a três colegas de vocês: Renato, Sandra e André, que foram decisivos na implantação de um projeto inovador na área do marketing esportivo. Eles tiveram sensibilidade para apontar oportunidades, identificar cenários e propor atividades. Este ano, o Brasil vai avançar um pouco mais, vai se internacionalizar um pouco mais, e esses três estudantes terão sido peças fundamentais neste processo. Marcaram gols de placa neste empreendimento.

Logo que conheci o Renato, viajamos juntos pelo subúrbio, numa linha de trem. Ali, encontramos pessoas de todos os tipos. Vimos a diversidade do nosso país. E também pudemos testemunhar incríveis esforços de vendas. Um oferecia sorvete de morango, enquanto outro oferecia fones de ouvido a dois reais. Havia vendedor de biscoito e também de chip para celular.

Alguns desses negociantes, no entanto, obtinham mais sucesso que seus competidores. Por quê? Eu diria que existem cinco comportamentos que podem auxiliar quem se predispõe a obter sucesso nesse desafio.

1) *Acredite no que está vendendo. Venda somente algo que você mesmo compraria, naquele tempo e lugar. Estude o contexto. O tal fone de ouvido, por exemplo, realmente é utilizado pelos passageiros dos trens do subúrbio.*

2) *Experimente o seu produto antes de comercializá-lo. Detecte suas virtudes e defeitos. Aprimore-o, ajude a aprimorá-lo.*

3) *Seja ético e entregue o que promete. Ajude seu cliente a tirar o máximo proveito daquilo que adquiriu. Seja um bom consultor.*

4) *Em todo o processo, seja rápido e objetivo. Coloque-se no lugar de quem está comprando. Não embrome.*

5) *Aprenda a se relacionar. Ganhe a confiança das pessoas e valorize sua marca, não importa o tamanho do seu negócio.*

Quando comecei a trabalhar com essa trinca de estudantes, eles naturalmente expunham seus medos, seus temores. Afinal, não queriam fracassar. Um dia, eu os levei para jantar e falei apenas sobre insucesso. Dei–lhes outras dicas, que reproduzo agora.

1) *Não deu certo? Assuma o insucesso e não cultive a vergonha.*

2) *Se a situação é difícil, procure escutar a opinião de pessoas que sabem mais do que você.*

3) *Procure um incentivador. Sim, sempre existe um. Pode ser sua mãe, seu pai, um namorado, uma namorada, um tio, um professor ou mesmo um parceiro de negócios.*

4) *Se seus esforços foram em vão, abra a janela e pense em algo que você sonha em fazer. Afinal, do que você realmente mais gosta? Transforme esse sonho em um plano de negócio.*

O DESTINO DO PASSAGEIRO | *105*

5) *Adote parâmetros, índices e medidas. Sempre que possível, verifique o que te aproxima e o que te distancia da meta.*

6) *Não desista. Acredite em você. Muita gente fracassa porque desiste quando está prestes a atingir seu intento. Se Thomas Edison tivesse parado depois de centenas de fracassos, não teria inventado a lâmpada elétrica econômica de longa duração.*

7) *Use o fracasso como fonte de motivação. Um comercial de uma famosa marca de equipamentos esportivos deu esse recado ao destacar a história de uma famosa lenda do esporte. Ele perdeu quase 300 jogos, desperdiçou mais de 9 mil arremessos e, por 26 vezes, teve a bola decisiva do jogo e falhou. Seu nome é Michael Jordan, considerado por muitos o maior jogador de basquete de todos os tempos. Segundo ele, todo seu sucesso se deve ao que aprendeu com os erros. Ele, simplesmente, nunca parou de tentar, assim como Gates, Jobs, Santos Dumont, Ford, Gandhi e outras figuras que mudaram para melhor a humanidade.*

Hoje, muitos jovens desejam ser donos do próprio nariz. É isso que dizem em casa, nas ruas, nas redes sociais. Procuram ser protagonistas. Querem reformar o presente e redesenhar o futuro. Isso é fundamental para um país como o nosso, que busca livrar-se dos grilhões do subdesenvolvimento. Mas empreender nem sempre é fácil. Para quem pretende seguir este caminho profissional, eu daria três dicas.

1) *Procure conhecer muito bem a área na qual vai atuar. Estude sempre. Atualize-se. Considere a universidade como um dos estágios iniciais do seu aprendizado. Descubra o que os grandes players deste mercado fizeram, fazem e planejam fazer.*

2) Seja determinado, resistente e resiliente. Dobre-se para não se quebrar. Esta vida tem seus percalços. Aprenda a colecioná-los como lições. Corrija-se sempre, com humildade.

3) Pense antes de tudo no que está construindo, para você e para a sociedade. Realize e, assim, realize-se. O lucro é consequência de um trabalho bem feito que se converteu em solução para outros atores do teatro da economia.

Quando abri minha agência, eu marcava reuniões para apresentar projetos e sempre ouvia a mesma pergunta: "quem são seus clientes?"; afinal, vivemos num sistema que depende de referências. Todos querem portfólios e currículos. Eu não tinha vergonha de responder: "nossa empresa está estreando no mercado, mas temos excelente grau de conhecimento dos serviços que serão realizados". Convenhamos, todos os grandes empreendedores já passaram por esse momento. Se triunfaram, foi porque se mostraram inovadores, competentes e confiáveis.

Numa fase inicial de prospecção, vocês receberão cinquenta "nãos" para cada "sim". Aprenda com os cinquenta "nãos". Não se abata com eles. Determine o que gerou essa resposta. Valorize esse "sim" recebido e recompense a confiança depositada no seu negócio. Ele começa a compor o seu portfólio.

Você ouvirá frequentemente a frase "mande–nos uma apresentação e, oportunamente, entraremos em contato". Outra é: "meu dia está um inferno e, portanto, temos apenas quinze minutos".

Seja, portanto, breve, incisivo e objetivo. Procure oferecer uma solução para o problema do interlocutor. Se ele perceber que seu serviço lhe garante um benefício, provavelmente vai esticar a conversa.

Descubra, portanto, quais são as necessidades de cada cliente. Hoje, em nossa área, as pessoas basicamente investem dinheiro em três situações:

⇛ quando podem alavancar vendas;

⇛ quando veem chance de difundir as virtudes de seus produtos e valorizar a marca;

⇛ quando uma campanha motiva suas equipes e facilita a gestão do negócio.

Considerado esse esquema resumido, coloque-se no lugar de seu prospect. Indague-se sobre aquilo que o profissional de marketing lhe oferece.

– Vai me ajudar a vender mais?

– Vai difundir uma boa imagem do meu negócio?

– Vai constituir um estímulo para o meu grupo de trabalho?

Mas ser empreendedor significa muito mais. Significa que você vai trabalhar muito mais. Não vai ter um salário te aguardando no banco no fim do mês. Pelo contrário, é o fim do mês que te aguarda com uma conta. Você precisa recompensar os colaboradores e pagar todas as outras despesas. O empreendedor não pode dormir no ponto, portanto.

Muita gente nasce com alguns dons que podem facilitar essa caminhada, como carisma e capacidade de comunicação. No entanto, a educação também pode gerar construtores de negócios e gestores competentes. É como no futebol. Se você já nasceu craque, ótimo. Tudo será mais fácil. Mas também há oportunidades para aqueles que se dispõem a treinar duro e desenvolver talentos.

Digo ainda que o empreendedor precisa ser paciente quando atua no nosso segmento. As curvas comerciais são cada vez mais longas. Entre o start-up e a primeira grande venda, podiam se passar seis meses. Hoje, esse período pode se estender a 48 meses. Portanto, pense no seu fluxo de caixa. Como vai se sustentar nesse período? Pode fazer outros serviços menores enquanto não fecha grandes contratos?

Dizem que uma empresa está consolidada quando completa dois anos em funcionamento. Eu não acredito mais nessa regra. Hoje, quando tudo que é sólido se desmancha no ar, uma empresa pode evaporar mesmo depois de cinco anos de atividade.

Portanto, seguem aqui dez dicas de como você pode elaborar o seu planejamento.

1) *Faça uma lista dos pontos fortes de seu serviço ou produto. Tenha um plano para melhorá-lo, mesmo que já seja excelente.*

2) *Analise bem a saúde do mercado em que atua. Não adianta ser um bamba num segmento fadado ao fracasso por variáveis que fogem ao seu controle.*

3) *Faça com que o seu produto seja inédito, singular ou muito bom. É importante que chegue rápido a quem dele necessita.*

4) *Dê um jeito de manter algum dinheiro em caixa. Sem ele, você não segura as pontas. Priorize investimentos em estrutura. Contenha-se na retiradas.*

5) *Faça uma lista de seus prospects e procure determinar suas dificuldades. Lembre-se de que você vende soluções.*

6) *Tenha rígido controle sobre custos e receitas. Saiba quais impostos e taxas terá de recolher.*

O DESTINO DO PASSAGEIRO | 109

7) *Trace metas de curto e longo prazo. Siga planos e receitas, mas se corrija sempre que necessário.*

8) *Evite começar com capital obtido em bancos. Se não puder contar com suas próprias economias, procure um sócio capaz de abastecer o negócio. Não descarte a possibilidade de estabelecer uma parceira com um investidor. Neste caso, no entanto, diga–lhe exatamente quais são os desafios do negócio. Não prometa lucro no curto prazo. É terrível trabalhar com a pressão de alguém que exige rápido retorno dos valores empenhados no empreendimento.*

9) *Se você empreende, você é dono. Isso é bom porque você tem autonomia e liberdade. O dono cuida e protege. Cuide do que é seu com carinho. Faça crescer.*

10) *Nunca deixe de sonhar e inovar. Muita gente fracassa porque apenas tenta copiar outros cases de sucesso. Normalmente, isso falha porque a aposta ocorre em mercados já saturados. Jobs, Gates, Ford e Edison, citados anteriormente, pensaram "out of the box". Buscaram o novo, mesmo ouvindo reprovações das pessoas que os cercavam. O marketing deve estimular os negócios que fazem as pessoas mais satisfeitas. Os empreendedores do nosso setor precisam fazer isso de forma inovadora, ética, com ousadia e coragem. Pense com amor no que é novo. Pense com amor naquilo que pode melhorar a vida, a de vocês e a dos outros passageiros da nave-mãe Terra.*

Muitíssimo obrigado. Eu paro por aqui. Agora, que venham as perguntas. Vamos conversar, porque eu também quero aprender com vocês.

★ ★ ★

110 | CAPÍTULO 7

Os meses seguintes foram de muito trabalho na implantação dos projetos dirigidos à Copa do Mundo. Motivado, Renato resolveu abraçar de vez a profissão. André pensou em si próprio como um produto de muito valor. Assim, escolheu uma nova vida, da qual se tornou protagonista consciente.

Graça havia se preparado para um tempo difícil ou para o fim de sua existência. Recebeu, no entanto, um prêmio. Tinha na mama um tumor benigno. Curou-se, tocou a vida. Aprendeu a valorizar mais cada momento da jornada.

Claude apaixonou-se de vez pelo Brasil. Decidiu fixar residência no país, mesmo depois da Copa do Mundo. Para ele, De Gaulle estava muito errado. O Brasil é um país sério, sim, ainda que esbanje bom humor.

Faltou saber da história de Tinho. Jogou pouco, apenas alguns minutos, na peneira do clube paulista. Não deu sorte. Errou o único drible avaliado pelo técnico das categorias de base.

Tempos depois, remexendo na mochila, encontrou o cartão de Rodrigo. Ligou e, sem acanhamento, expôs sua situação.

– Tem alguma coisa pra mim? – indagou.

Por sugestão de André e Renato, ganhou um cargo de monitor em um projeto que utilizava o futebol como mediação simbólica para o aprimoramento da gestão corporativa. Utilizou na função as incríveis habilidades desenvolvidas no terreno atrás do bar do português. Passou, por exemplo, a ensinar executivos a cobrar faltas. E, assim, virou um respeitado professor.

dvseditora.com.br